조스피드
영문법 암기비법

❷ 품사편

김 대 영 저

Iam books

김 대 영

현 신일고등학교 교사
현 교육과정평가원/교육청 전국 모의고사 출제위원
현 육사, 공사, 해사 영어 출제위원

주요 저서

메가스터디 문법 500제, Nexus 중학 영문법뽀개기 시리즈, 새롬N제 문법 400제
+어휘 100제, 새롬N제 장문독해 120선, 레디고 영어 독해, 리딩 패러다임 시리즈,
그래머 패러다임 시리즈, 쎄듀 Power Up 어법어휘 모의고사, 파사쥬 외국어영역
기본편, SPC 외국어영역(대한교과서) 외 다수

초스피드
영문법 암기비법 ❷ 품사편

초판 발행 2009년 1월 15일

지은이   김대영

펴낸이   신성현, 오상욱

만든이   남영림, 성경모, 윤은아

펴낸곳   도서출판 아이엠북스

153-802 서울시 금천구 가산동 327-32 대륭테크노타운 12차 1116호

Tel. (02)6343-0999   Fax. (02)6343-0995

인 쇄   공감 in

출판등록   2006년 6월 7일 제 313-2006-000122호

북디자인   로뎀나무 박선영

ISBN 978-89-92334-65-5 53740

www.iambooks.co.kr

필자는 다년간 학교 교육의 현장에 있으면서 학생들이 '영문법' 소리만 들어도 진저리를 치는 현실에 안타까움을 느껴왔습니다. 한국에서 치러지는 모든 영어 시험은 영어에 대한 올바른 학습의 유기적인 단계를 무시한 채, 문법이라는 골칫덩어리를 수험생들에게 던져 주고 있습니다. 특정한 영양소가 부족하면 몸이 기형화되는 이치는 영어 학습에 있어서도 마찬가지입니다. 문법과 독해 그리고 들기 모두가 하나라고 생각해야 합니다.

사실 문법의 필요성에 대해서 많이 느끼고 공감도 하지만 쉽게 다가서기는 힘이 듭니다. 문법이란 것이 방대하기도 하고 특별한 접근법도 없는 것이 현실이기 때문입니다. 하지만 시작이 반이라고 일단은 시작을 해야 합니다. '문법을 암기한다'는 표현 자체가 우습게 들릴지 모르겠지만 일단 무언가 머릿속에 든 것이 있어야 이해도 할 수 있는 것입니다. 머릿속에 무언가를 저장하기 위해서는 저장하고자 하는 정보들을 찾아가는 연결고리를 만드는 것이 매우 효과적입니다. 그래서 저는 그 연결고리 역할을 하는 여러 가지 암기비법들을 연구하게 되었습니다.

어떻게 보면 유치해 보일 수 있는 방법들이지만 그만큼 훨씬 깊은 인상을 받을 수 있을 것입니다. 문법을 이야기 식으로 만들고 나서 그것을 바탕으로 하나하나 세부적인 사항들로 접근해 가는 방식은, 문법 사항들을 통째로 머릿속에 넣어야 했던 기존 방식의 부담감을 덜어 줄 것이고 또 그 기억을 오랫동안 머릿속에 붙잡아 줄 것입니다. 그렇게 모르는 것을 하나 둘 살을 붙여서 가다보면, 어느새 자신도 모르게 난공불락의 성으로 여겨졌던 문법 고수의 길로 접어들고 있음을 발견하게 될 것입니다.

영문법 학습의 대혁명과도 같은 〈초스피드 영문법 암기비법 시리즈〉의 출간을 계기로, 이 책을 접하는 모든 이들의 영어 **뼈대**가 튼튼해지길 바랍니다.

자! 이제 쉽고도 재미있는 영문법의 세계에 빠져 봅시다.

저자 김 대 영

책의 구성과 특징

문법 해설

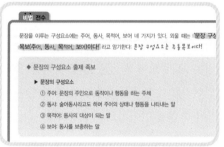

반드시 알아야 할 문법요소에 대한 자세한 해설과 더불어, 독창적인 암기비법과 핵심 시험출제 요소인 출제 족보를 제시하여 학습효율을 극대화하였습니다.

Check It Out!

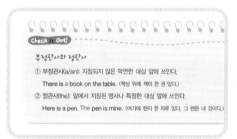

기본 설명에서 지나치기 쉬운 기본 개념, 심화 학습 내용을 제시하여 더욱 깊이 있는 이해가 가능하도록 하였습니다.

Check-up

방금 학습한 문법요소의 문제를 풀어보고 바로 문제풀이와 정답을 확인함으로써 문법요소 개념을 확실하게 이해하도록 하였습니다.

Review Test

4~8개의 문법요소를 학습한 후 Check-up보다 더 높은 난이도의 Review Test를 풀어봄으로써 학습자의 문법 이해도를 확인하도록 하였습니다.

Final Test

앞서 배운 문법요소들을 다양한 문제 유형으로 5차례에 걸쳐 종합 평가함으로써 학습을 마무리하도록 구성하였습니다.

부록: 출제 족보 노트

저자가 풍부한 교육 현장의 경험을 통해 정리한 시험출제 족보 내용을 한눈에 볼 수 있도록 정리함으로써 학습의 편의성을 극대화하였습니다.

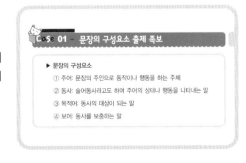

| 차 례 |

First Step: 명사 관련 필수 문법요소

Second Step: 수식어구 관련 필수 문법요소

First Step 명사 관련 필수 문법요소

01 문장의 구성과 종류

Case 1~5

1. 문장의 구성과 종류

Case 01 – 문장의 구성요소

비법 전수

문장을 이루는 구성요소에는 주어, 동사, 목적어, 보어 네 가지가 있다. 외울 때는 **'문장 구성요소는 주동목보(주어, 동사, 목적어, 보어)이다!'** 라고 암기한다: 문장 구성요소는 주동목보이다!

◆ **문장의 구성요소 출제 족보**

▶ **문장의 구성요소**
① **주어**: 문장의 주인으로 동작이나 행동을 하는 주체
② **동사**: 술어동사라고도 하며 주어의 상태나 행동을 나타내는 말
③ **목적어**: 동사의 대상이 되는 말
④ **보어**: 동사를 보충하는 말

문장을 이루는 구성요소에는 주어, 동사, 목적어, 보어 네 가지가 있다. '주어' 는 문장의 주인으로 동작이나 행동을 하는 주체이고, '동사' 는 술어동사라고도 하며 주어의 상태나 행동을 나타내는 말이다. '목적어' 는 동사의 대상이 되는 말이며, '보어' 는 동사를 보충하는 말이다.

(1) **주어:** '~은/는/이/가' 에 해당하며, 명사, 대명사가 쓰인다.

Students should study hard. [명사] (학생들은 열심히 공부해야 한다.)

(2) **동사:** be동사, 조동사, 일반동사가 있다.

They were happy to see him again. [be동사] (그들은 그를 다시 보아서 행복했다.)

She visited her grandmother last night. [일반동사] (그녀는 지난밤에 할머니를 방문했다.)

(3) **목적어:** '~을/를/에게'로 해석한다.

I have to finish **my work**. (나는 일을 끝마쳐야 한다.)

My teacher gave **me** *a book*. (선생님은 나에게 책을 주셨다.)

(4) **보어:** 보충해 주는 말에 따라 주격 보어와 목적격 보어로 구분된다.

She is honest. [주격 보어] (그녀는 정직하다.)

We thought her honest. [목적격 보어] (우리는 그녀가 정직하다고 생각했다.)

Check It Out!

수식어구

문장의 4요소(주어, 동사, 목적어, 보어)를 제외한 나머지 부분을 말한다. 문장의 요소를 꾸며주며, 생략해도 문장은 성립된다.

I enjoyed reading the novels greatly. [동사 enjoyed를 수식하는 부사] (나는 그 소설들을 읽는 것을 무척 즐겼다.)

Check-up

1~5

밑줄 친 부분의 문장 성분이 무엇인지 쓰시오.

1. <u>Tom</u> <u>bought</u> a very nice <u>car</u>. (/   /   )

2. She became <u>a doctor</u>. (   )

3. He speaks <u>English</u> very well. (   )

4. I found <u>the baby</u> <u>sleeping</u>. (/   )

5. Father bought <u>me</u> <u>a computer</u>. (/   )

1. Tom은 아주 멋진 차를 샀다.

2. 그녀는 의사가 되었다.

3. 그는 영어를 매우 잘 말한다.

4. 나는 아이가 잠자고 있는 것을 발견했다.

5. 아버지는 나에게 컴퓨터를 사 주셨다.

1~5. 문장 구성요소의 기능을 파악해야 한다. 주어는 문장의 주체이고, 동사는 주어의 동작을 나타내며, 목적어는 동작의 대상이 되는 말이다. 보어는 주어나 목적어의 상태를 보충 설명해 주는 것이다.

정답 1. 주어, 동사, 목적어 2. 주격 보어 3. 목적어 4. 목적어, 목적격 보어 5. 목적어, 목적어

6 ~ 10 ● ● ●

밑줄 친 부분의 역할이 [보기]와 같으면 ○, 다르면 ×로 표시하시오.

| 보기 |　He gave me <u>this flower</u>.

6. This pie looks <u>delicious</u>. (　　)

7. May I ask you <u>a question</u>? (　　)

8. He <u>made</u> me angry. (　　)

9. <u>My friend</u> started to run. (　　)

10. Mother sent my sister <u>a letter</u>. (　　)

[보기] 그는 내게 이 꽃을 주었다.

6. 이 파이는 맛있어 보인다.

7. 내가 당신에게 질문을 해도 되나요?

8. 그는 나를 화나게 만들었다.

9. 내 친구는 달리기 시작했다.

10. 어머니는 여동생에게 편지를 보냈다.

✳ 문제 해결 ✳   6~10. [보기]에 밑줄 친 this flower는 직접목적어이다. 6의 delicious는 주격 보어이고, 7의 a question은 직접목적어, 8의 made는 동사이다. 9의 My friend는 주어이고, 10의 a letter는 직접목적어이다.

✳ 어휘 해결 ✳   **delicious** 맛있는

정답   6. × 7. ○ 8. × 9. × 10. ○

주의해야 할 복수형 명사 변화   잠깐! Check

단 수	복 수	뜻
aircraft	aircraft	항공기
analysis	analyses	분석, 해석
bacterium	bacteria	박테리아
basis	bases	기초, 근거, 원리
belief	beliefs	믿음, 신뢰
calf	calves	송아지, 장딴지
chief	chiefs	(조직, 집단의) 장, 우두머리
child	children	어린이, 자식
cliff	cliffs	낭떠러지, 벼랑
crisis	crises	위기

CaSe 02 - 품사의 이해

영어의 8품사 '명사, 대명사, 동사, 형용사, 부사, 전치사, 접속사, 감탄사'를 암기할 때는 **'형부(형용사, 부사) 이름(명사)인 전대동(전치사, 대명사, 동사)으로 접속(접속사)해! 감탄(감탄사)할걸!'** 이라고 외운다:

형부 이름인 전대동으로 접속해! 감탄할걸!

◆ **품사의 이해 출제 족보**
① **동사:** 사물의 동작이나 상태를 나타내는 말 (be동사, 조동사, 일반동사)
② **형용사와 부사:** 형용사는 명사나 대명사를 수식하고, 부사는 동사, 형용사, 다른 부사를 수식하는 말이다.

품사는 문장을 이루는 단어들을 의미와 역할에 따라 나눈 것이다. 영어의 품사에는 명사, 대명사, 동사, 형용사, 부사, 전치사, 접속사, 감탄사가 있다. 관사는 형용사에 속하는데, 명사 앞에 사용되는 a(an)(부정관사), the(정관사)를 가리키는 말이다.

(1) **명사와 대명사:** 모든 사물에는 이름이 있는데, 이 이름을 명사라고 한다. 대명사는 '그것, 우리, 그녀' 등과 같이 명사를 대신하는 말이다.

Paul found a book on the desk. (Paul은 책상 위에서 책 한 권을 발견했다.)

She was happy. (그녀는 행복했다.)

(2) **동사:** 사물의 동작이나 상태를 나타내는 말로, be동사와 일반동사로 구분한다. 동사를 도와주는 기능을 하는 것도 있는데, 이들을 조동사라고 한다.

I am a student. (나는 학생이다.)

He will help you if you want. (네가 원한다면 그는 너를 도울 것이다.)

(3) **형용사와 부사:** 형용사는 명사나 대명사를 수식하고, 부사는 동사, 형용사, 다른 부사를 수식한다.

Alice is an excellent cook. (Alice는 뛰어난 요리사이다.)

He solved the question very quickly. (그는 매우 빨리 그 문제를 풀었다.)

(4) 전치사: 명사 앞에 놓여서 의미 단위를 만드는 말을 가리킨다.

I sat on the chair. (나는 의자에 앉았다.)

(5) 접속사: 접속사는 단어와 단어, 구와 구, 절과 절을 이어주는 말이다.

Tom and Susan decided to go at once because they were very busy.

(Tom과 Susan은 매우 바빴기 때문에 즉시 가기로 결정했다.)

(6) 감탄사: 감탄사는 oh, ah, alas 따위의 감탄을 나타내는 말이다.

Oh, what a beautiful girl she is! (야, 정말 예쁜 소녀구나!)

Check It Out!

부정관사와 정관사

① 부정관사(a/an): 지칭되지 않은 막연한 대상 앞에 쓰인다.

There is a book on the table. (책상 위에 책이 한 권 있다.)

② 정관사(the): 앞에서 지칭된 명사나 특정한 대상 앞에 쓰인다.

Here is a pen. The pen is mine. (여기에 펜이 한 자루 있다. 그 펜은 내 것이다.)

주의해야 할 복수형 명사 변화

단 수	복 수	뜻
criterion	criteria	기준, 표준, 척도
curriculum	curricula	교과 과정
datum	data	자료
deer	deer	사슴
diagnosis	diagnoses	진단
fish	fish / fishes	어류, 물고기
focus	focuses / foci	초점
foot	feet	발

1 ~ 5 ● ● ●

밑줄 친 단어의 품사를 쓰시오.

1. <u>He</u> learns English very <u>slowly</u>. (　　　　 / 　　　　)

2. I know <u>the</u> <u>tall</u> gentleman. (　　　　 / 　　　　)

3. I saw a very nice <u>watch</u> <u>on</u> the table. (　　　　 / 　　　　)

4. She <u>sent</u> <u>me</u> some flowers. (　　　　 / 　　　　)

5. <u>After</u> we have dinner, let's <u>go</u> for a walk. (　　　　 / 　　　　)

＊전문 해석＊
1. 그는 영어를 매우 늦게 배운다.
2. 나는 저 키가 큰 신사를 안다.
3. 나는 식탁 위에서 아주 멋진 시계를 보았다.
4. 그녀는 나에게 몇 송이 꽃을 보냈다.
5. 저녁 식사 후에 산책하러 갑시다.

＊문제 해결＊
1. He는 문장 주어로 대명사이고, slowly는 동사 learns를 수식하는 부사이다.
2. the는 정관사이고, tall은 명사 gentleman을 수식하는 형용사이다.
3. watch는 '시계'라는 뜻의 명사이고, on은 명사 앞에 쓰인 전치사이다.
4. sent는 문장의 동사이고, me는 목적어 역할을 하는 대명사이다.
5. After는 문장과 문장을 연결하는 접속사이고, go는 동사이다.

＊어휘 해결＊ **go for a walk** 산책하다, 산보하다

정답 1. 대명사, 부사 2. 관사, 형용사 3. 명사, 전치사 4. 동사, 대명사 5. 접속사, 동사

6 • • •

밑줄 친 부분의 품사가 나머지와 <u>다른</u> 것은?

① He knows the <u>small</u> girl.
② Your English is <u>pretty</u> good.
③ There is a <u>beautiful</u> vase.
④ We had a <u>wonderful</u> time together.
⑤ Iron is more <u>useful</u> than gold.

전문 해석 ① 그는 저 작은 소녀를 안다.
② 당신의 영어 능력은 아주 훌륭하다.
③ 아름다운 꽃병이 있다.
④ 우리는 함께 즐거운 시간을 보냈다.
⑤ 철은 금보다 더 유용하다.

문제 해결 ② pretty는 형용사로 '예쁜', 부사로 '아주, 꽤'란 의미를 지닌다. 여기서는 형용사 good을 수식하는 부사로 쓰였다.

어휘 해결 **vase** 꽃병 / **useful** 유용한

 6. ②

7 • • •

밑줄 친 부분의 쓰임이 올바른 것은?

① What <u>a</u> exciting game!
② I'd like to go with <u>they</u>.
③ I solved the <u>difficult</u> problem.
④ Thank you for <u>help</u> me.
⑤ You must do it very <u>quick</u>.

✽전문 해석✽   ① 정말 멋진 게임이다!

② 나는 그들과 함께 가고 싶다.

③ 나는 그 어려운 문제를 풀었다.

④ 나를 도와줘서 고맙습니다.

⑤ 너는 매우 빨리 그것을 해야 한다.

✽문제 해결✽   ① 모음으로 시작하는 exciting 앞이므로 an이 적당하다.

③ difficult는 형용사로 명사 problem을 수식한다.

④ '~에 대해 고맙다'는 의미의 Thank you for 다음에는 동명사(-ing) 또는 명사가 자리한다.

⑤ 부사인 quickly가 적합하다.

✽어휘 해결✽   **solve** 풀다, 해결하다

정답 7. ③

비법 전수

평서문의 어순은 [주어 + 동사]이고, 의문문의 어순은 [동사 + 주어]이다. **'평주동(평서문은 주어 동사), 의동주(의문문은 동사 주어)'**라고 시조 외우듯이 암기한다: 평주동 ~, 의동주 ~

◆ 평서문과 의문문 출제 족보

▶ 평서문의 부정문
① be동사나 조동사의 경우: be동사(조동사) + not
② 일반동사의 경우: do(does/did) + not + 동사원형

▶ 일반의문문
① be동사의 의문문: Be동사 + 주어 ~ ?
② 조동사의 의문문: 조동사 + 주어 + 동사원형 ~ ?
③ 일반동사의 의문문: Do(Does/Did) + 주어 + 동사원형 ~ ?

모든 문장은 내용상 평서문, 의문문, 명령문, 감탄문으로 구분할 수 있고, 긍정이냐 부정이냐에 따라 긍정문과 부정문으로 나뉜다. 평서문의 어순은 [주어 + 동사]이고, 의문문의 어순은 [동사 + 주어]이다.

(1) 평서문: 어떤 사실이나 상황을 기술하는 문장으로 [주어 + 동사]의 어순으로 쓰인다.

She bought some flowers. (그녀는 몇 송이의 꽃을 샀다.)

(2) 평서문의 부정문

① be동사나 조동사의 경우: be동사(조동사) + not

He is not(=isn't) kind. (그는 친절하지 않다.)

We can not(=can't) go there. (우리는 그곳에 갈 수 없다.)

② 일반동사의 경우: do(does/did) + not + 동사원형

She does not(=doesn't) get up early. (그녀는 일찍 일어나지 않는다.)

(3) 일반의문문: Yes, No로 답할 수 있는 의문문을 말한다.

　① **be동사의 의문문:** Be동사 + 주어 ~?

　　Are you happy now? (지금 행복하세요?)

　　→ Yes, I am. / No, I'm not.

　② **조동사의 의문문:** 조동사 + 주어 + 동사원형 ~?

　　Can you come to my party? (파티에 올 수 있니?)

　　→ Yes, I can. / No, I can't.

　③ **일반동사의 의문문:** Do(Does/Did) + 주어 + 동사원형 ~?

　　Did she buy a new camera? (그녀가 새 카메라를 샀니?)

　　→ Yes, she did. / No, she didn't.

Check It Out!

의문사로 시작하는 의문문

의문사로 시작하는 의문문은 Yes나 No로 대답하지 않는다.

Who made this cake? → Susan did. (누가 이 케이크를 만들었니? → Susan이 만들었어.)

Check-up

1 ~ 5 ● ● ●

다음 ( ) 안에서 알맞은 말을 고르시오.

1. He (is not, not is) my son.

2. We (can not, not can) agree with you.

3. He (does not, do not) walk to school.

4. She does not (live, lives) in England.

5. Mike (does not, is not) drive a red car.

＊전문 해석＊

1. 그는 내 아들이 아니다.
2. 우리는 너의 견해에 동의할 수 없다.
3. 그는 학교에 걸어가지 않는다.
4. 그녀는 영국에서 살지 않는다.
5. Mike는 빨간색 차를 운전하지 않는다.

＊문제 해결＊

1. be동사의 부정문은 be동사 뒤에 not을 놓는다.
2. 조동사의 부정문은 조동사 뒤에 not을 놓는다.
3, 5. 일반동사의 부정문은 동사 앞에 현재형은 do not(=don't), 3인칭 단수일 때는 does not(=doesn't), 과거형은 인칭과 수에 관계없이 did not(=didn't)을 붙인다.
4. 일반동사를 부정문으로 만들 때 do동사 뒤에는 동사원형이 온다.

정답 1. is not 2. can not 3. does not 4. live 5. does not

다음 주어진 문장을 의문문으로 바꾸시오.

6. You are a singer. → _____

7. They were police officers. → _____

8. Your father wears glasses. → _____

9. She came back home yesterday. → _____

10. He was really angry. → _____

＊전문 해석＊
6. 너는 가수이다.
7. 그들은 경찰관이었다.
8. 너의 아버지는 안경을 쓰신다.
9. 그녀는 어제 집에 돌아왔다.
10. 그는 정말 화가 났다.

＊문제 해결＊
6, 7, 10. be동사가 포함된 문장의 의문문은 [be동사 + 주어 ~?]의 형식을 이용한다.
8, 9. 일반동사가 포함된 문장을 의문문으로 나타낼 경우에는 [Do(Does, Did) + 주어 + 동사원형 ~?]을 쓴다.

＊어휘 해결＊ **police officer** 경찰관 / **glasses** 안경

정답 6. Are you a singer? 7. Were they police officers? 8. Does your father wear glasses? 9. Did she come back home yesterday? 10. Was he really angry?

Case 04 – 부가/간접/선택의문문

간접의문문은 의문문이 문장의 일부가 된 경우로 [의문사 + 주어 + 동사]의 어순이 된다. 암기할 때는 **'간첩 (간접의문문)! 의주동(의문사 + 주어 + 동사)이란 사람을 아십니까?'** 라고 외운다: 간첩! 의주동 이란 사 람을 아십니까?

◆ **부가/간접/선택의문문 출제 족보**

① **부가의문문:** 긍정문에는 부정의 줄임말로, 부정문에는 긍정으로 나타낸다. 주어는 인칭대명사로 (This, That은 it으로) 바꾼다.

② **간접의문문:** [의문사 + 주어 + 동사] 어순

③ **선택의문문:** Yes, No로 대답하지 않음

부가의문문은 평서문의 뒤에 덧붙인 의문문으로 [동사 + 주어?]의 형태이다. 자신이 말하는 것에 대해 상대의 동의를 구하거나 확인하고자 할 때 쓴다. 간접의문문은 의문문이 문장의 일부가 된 경우로 [의문사 + 주어 + 동사]의 어순이 된다. 선택의문문은 의문문에 **or**가 쓰여 어느 한쪽의 선택을 요구하는 의문문으로, Yes나 No로 답하지 않는다.

(1) 부가의문문

형태	긍정문에는 부정의 줄임말, 부정문에는 긍정의 줄임말을 사용한다.
주어	평서문의 주어를 인칭대명사로 바꾼다. This나 That은 it으로 바꾼다.
동사	be동사나 조동사는 그대로 사용하고, 일반동사인 경우엔 do, does, did를 시제나 수에 맞춰 쓴다.

You *are* busy, aren't you? (당신은 바쁩니다, 그렇지 않나요?)

Jane *isn't* diligent, is she? (제인은 근면하지 않다, 그렇지?)

She *likes* to play computer games, doesn't she?

(그녀는 컴퓨터 게임하기를 좋아한다, 그렇지 않아?)

You *didn't play* tennis, did you? (너는 테니스를 치지 않았다, 그렇지?)

① Let's로 시작하는 문장은 shall we?의 형태로 부가의문문을 만든다.

　　Let's go shopping, **shall we?** (쇼핑 갑시다, 어때요?)

② 명령문의 부가의문문은 will you?의 형태로 쓴다.

　　Shut the door, **will you?** (문을 닫으세요, 그래줄래요?)

(2) **간접의문문**: [의문사 + 주어 + 동사]의 어순

① I don't know **who she is.** (나는 그녀가 누구인지 모른다.)

② She wanted to know **where I lived.** (그녀는 내가 어디에 살았는지 알기를 원했다.)

(3) **선택의문문**

Which do you like better, coffee **or** tea? (커피와 홍차 중에 어떤 것을 더 좋아합니까?)

Check It Out!

think, believe가 쓰인 의문문에서는 간접의문문의 의문사가 문장 맨 앞에 온다.

• **Who** do you think he is? (O) (당신은 그가 누구일거라 생각합니까?)

• Do you think **who** he is? (×)

1~5

다음 [보기]와 같이 주어진 문장에 알맞은 부가의문문을 넣으시오.

| 보기 | He got angry, didn't he?

1. It's cold outside, _____?

2. She doesn't have money, _____?

3. Jina will come back this weekend, _____?

4. This train went to Chicago, _____?

5. Let's go to the park, _____?

＊전문 해석＊
1. 밖에 날씨가 춥죠, 그렇지 않나요?
2. 그녀는 돈이 없죠, 그렇죠?
3. Jina는 이번 주말에 돌아오죠, 그렇지 않나요?
4. 이 열차가 Chicago에 가지 않았죠, 그렇지 않나요?
5. 공원에 갑시다, 어때요?

＊문제 해결＊
1~4. 부가의문문의 형식은 긍정문에는 부정의 줄임말, 부정문에는 긍정의 줄임말을 사용한다. be동사나 조동사는 그대로 사용하고, 일반동사인 경우엔 do, does, did를 시제나 수에 맞춰 쓴다. 주어는 인칭대명사로 바꾸어야 한다.
5. Let's로 시작하는 문장은 shall we?의 형태로 부가의문문을 만든다.

정답 1. isn't it 2. does he 3. won't she 4. didn't it 5. shall we

6 ● ● ●

주어진 단어들을 바르게 배열하여 의문문을 만드시오.

(do, think, is, what, she, you)?

✱ 전문 해석 ✱ 너는 그녀에 대해 어떻게 생각하니?

✱ 문제 해결 ✱ think, believe가 쓰인 의문문에서는 간접의문문의 의문사가 문장 맨 앞에 온다.

정답 6. **What do you think she is?**

7 ● ● ●

빈 칸에 알맞은 접속사는?

Which do you like better, soccer _____ baseball?

① and ② or
③ but ④ so
⑤ for

✱ 전문 해석 ✱ 축구와 야구 중에 어떤 것을 더 좋아하십니까?

✱ 문제 해결 ✱ 선택의문문에서는 or를 쓴다.

정답 7. ②

8 • • •

다음 중 빈칸에 알맞은 것은?

> I don't know _____.

① how did it happen   ② how it did happen

③ how it happened   ④ how happened it

⑤ it happened how

＊전문 해석＊ 나는 그것이 어떻게 발생했는지 모른다.

＊문제 해결＊ 간접의문문의 어순은 [의문사＋주어＋동사]이다.

＊어휘 해결＊ **happen** 발생하다, 일어나다

정답 8. ③

Case 05 – 명령문과 감탄문

비법 전수

감탄문은 What이나 How로 시작한다. What으로 시작하는 감탄문의 어순은 [What + a(an) + 형용사 + 명사 + 주어 + 동사!]이고, How로 시작하는 감탄문은 [How + 형용사(부사) + 주어 + 동사!]이다. 암기할 때는 '알어(What a(an))? 혁명(형용사 + 명사)을 누가 주동(주어 + 동사)했는지? 바로 하형부(How + 형용사(부사)) 씨가 주동(주어 + 동사)했다고!' 라고 외운다. 알어? 혁명을 누가 주동했는지? 바로 하형부 씨가 주동했다고!

◆ 명령문과 감탄문 출제 족보

▶ **명령문**

① **긍정 명령문**: '~하라, ~하시오, ~해 주세요' 등의 의미로서 '명령, 권유, 부탁'을 나타내는
    문장으로, 형태는 주어를 생략하고 동사원형으로 시작한다.

② **부정 명령문**: '~하지 마라, ~하지 마시오'의 의미로 '조언, 경고, 금지' 등을 나타낸다.
    형태는 [Do not(Don't) + 동사원형]이다.

▶ **감탄문**

기쁨, 슬픔, 놀라움 등의 강한 감정을 표현하는 문장으로 '참 ~하는 구나'라는 의미를
전달하며, 끝에 느낌표(!)를 붙인다.

명령문은 동사원형으로, 감탄문은 What이나 How로 시작된다. 명령문에는 긍정의 명령문, 부정의 명령문, 권유의 명령문이 있다. 감탄문은 놀람이나 기쁨 등의 감정을 나타내는 문장으로 what이나 how로 시작한다.

(1) 명령문

① **긍정 명령문**: '~하라, ~하시오, ~해 주세요' 등의 의미로서 '명령, 권유, 부탁'을 나타내는
    문장으로, 형태는 주어를 생략하고 동사원형으로 시작한다.

Open the door. (문 열어라.)

② **부정 명령문**: '~하지 마라, ~하지 마시오'의 의미로 '조언, 경고, 금지' 등을 나타낸다. 형

태는 [Do not(Don't) + 동사원형]이다.

Don't be afraid. (두려워하지 마라.) / **Do not make** a noise. (떠들지 마라.)

③ 권유의 명령문: '~하자' 의 의미로 제안을 나타낸다. 형태는 [Let's + 동사원형]이다.

Let's go for a walk. (산책합시다.) / **Let's not eat out.** (외식하지 맙시다.)

※ [Let's + 동사원형]의 부정형 → [Let's + not + 동사원형] (~하지 말자)

(2) 감탄문

① 정의: 기쁨, 슬픔, 놀라움 등의 강한 감정을 표현하는 문장으로 '참 ~하는 구나' 라는 의미를 전달하며, 끝에 느낌표(!)를 붙인다.

② 감탄문의 종류

강조대상	문형
명사	What + a(n) + 형용사 + 명사 + (주어 + 동사)!
형용사/부사	How + 형용사/부사 + (주어 + 동사)!

What a nice *school* **this is!** (정말 멋진 학교로군요!)

→ **This is a very** nice school.

How *interesting* **my first trip was!** (나의 여행은 얼마나 흥미로웠는지!)

→ **My first trip was very** interesting.

Check It Out!

권유의 명령문에 대한 대답

① 긍정의 대답: Yes, let's. / Okay. / Sounds good. / That's a good idea. / All right. 등

② 부정의 대답: No, let's not. / I'm sorry, but I can't. 등

1 ~ 6

다음 문장에서 밑줄 친 부분을 바르게 고치시오.

1. Close <u>you</u> the window.

2. Please <u>are</u> brave anywhere.

3. <u>Not let's</u> rush it.

4. Let's <u>orders</u> pizza for dinner.

5. <u>Doesn't</u> play baseball in the garden.

6. <u>Play don't</u> with knives.

✱전문 해석✱
1. 창문을 닫아라.
2. 어디에서나 용감해라.
3. 그 일을 성급하게 하지 마라.
4. 저녁으로 피자를 주문합시다.
5. 정원에서 야구를 하지 마라.
6. 칼을 가지고 놀지 마라.

✱문제 해결✱
1, 2. 긍정 명령문은 주어 You를 생략하고 동사원형으로 시작한다.
3. [Let's + 동사원형]의 부정형은 [Let's + not + 동사원형](~하지 말자)이다.
4. 권유의 명령문 형태는 [Let's + 동사원형]이다.
5, 6. 부정 명령문 형태는 [Do not(Don't) + 동사원형]이다.

✱어휘 해결✱ **anywhere** 어디에서나 / **rush** 성급하게 하다 / **order** 주문하다

 1. you를 삭제 2. are → be 3. Not let's → let's not 4. orders → order 5. Doesn't → Don't
6. Play don't → Don't play

다음 문장을 감탄문으로 바꿀 때 빈칸에 알맞은 말을 쓰시오.

7. It is a great photo.

→ _____ _____ _____ photo it is!

8. The car is very nice.

→ _____ _____ the car is!

9. You are a very good daughter.

→ _____ _____ _____ daughter you are!

10. She is a very diligent girl.

→ _____ _____ _____ girl she is!

11. The cell phone is very expensive.

→ _____ _____ the cell phone is!

✱전문 해석✱　7. 정말 멋진 사진이구나!
8. 정말 멋진 차구나!
9. 정말 훌륭한 딸이구나!
10. 정말 근면한 소녀이구나!
11. 정말 비싼 휴대폰이구나!

✱문제 해결✱　7~11. 감탄문의 어순은 [What + a(n) + 형용사 + 명사 + (주어 + 동사)!]나 [How + 형용사/부사 + (주어 + 동사)!]이며, 때에 따라서 [주어 + 동사]는 생략하기도 한다.

✱어휘 해결✱　**photo** 사진(=photograph) / **diligent** 근면한 / **cell phone** 핸드폰 / **expensive** 값비싼

✎정답　7. **What a great** 8. **How nice** 9. **What a good** 10. **What a diligent** 11. **How expensive**

[1~2] 다음 글의 밑줄 친 부분 중 어법상 틀린 것은?

01

Place the heel of one foot on the table with your toes ①pointed up. Slowly lean forward and bring your arms and head forward. Now reach out and grab your foot. Try ②to touch your knee with your nose. ③Never do push too hard. Hold the position for a few seconds. Feel your legs and back ④stretch. Switch legs. Then ⑤straighten up and take a rest for a few seconds.

02

I asked my friends ①what would they do to change the world if they could. My social worker friend said, "First, give food to all." But my spiritual friend said, "Even if everyone's material needs ②were met, people would not be fully satisfied until they had a deeper direction inside. Meditation is the key." Then my cook friend combined the two ideas and ③said, "Teach nutrition in the school. How can people have the ④proper thoughts if they do not eat the right foods? If they would eat more vegetables, they would become more enlightened, ⑤for vegetables are a higher consciousness food."

03 빈칸 (A)에 들어갈 말로 가장 적절한 것은?

We think that many thousands of years ago, people lived without written or spoken language.   (A)   must have been from the one we know! Because no written or spoken language existed, no records of those early times could be kept. We can only imagine how the people who lived without words were able to get along.

① What different their world ② What different a their world

③ How a different their world ④ How different their world a

⑤ How different their world

[4~5] 다음 글을 읽고, 물음에 답하시오.

Construction began on the bell tower of Pisa Cathedral in 1173. Only three of its eight stories (A)have been/had been finished when it developed a tilt. ①The builders decided to make the stories on the leaning side taller, so the tower would appear to be straight. ②This was successful, and it became the tallest building in the world. However, the extra weight of the windows made it tilt even more. The builders stopped work and tried other solutions. But, when it was completed two hundred years later, the building was still leaning toward the south. ③The tilt of the tower continued to increase and people wondered if it would eventually fall over. ④Attempts were made (B)fix/to fix the problem. None of them worked. Some made (C)it/one worse. Then in 1998, a new method was tried. ⑤Workers began taking soil from under the north side of the tower. By 2001, the tower had been stabilized and its tilt decreased by 40 centimeters. When the repair work is finished, the tower is expected to remain standing for another 300 years.

04 위 글에서 전체 흐름과 <u>관계없는</u> 문장은?

05 위 글의 밑줄 친 (A), (B), (C)에서 어법에 맞는 표현을 골라 짝지은 것으로 가장 적절한 것을 고르시오.

	(A)	(B)	(C)
①	have been	fix	it
②	have been	to fix	one
③	had been	to fix	it
④	had been	to fix	one
⑤	had been	fix	it

First Step 명사 관련 필수 문법요소

02 관사

Case 6~10

2. 관사

Case 06 – 부정관사(a/an)

비법 전수

부정관사의 의미, '**단수 보통명사** 앞에서 **(막연히) 하나**, one(하나), per(~당, ~마다), any(어떤 ~라도), the same(같은)'을 암기할 때는 '**단보명이란 학생이 막 하는 것 같지만, 하나하나 살펴보면 pass(per, any, same)할 것 같아요!**' 라고 외운다: 단보명이란 학생이 막 하는 것 같지만, 하나하나 살펴보면 pass할 것 같아요!

◆ 부정관사(a/an) 출제 족보

▶ 주의해야 할 부정관사(a/an)의 의미
 ① Birds of a feather flock together. [the same] (유유상종)
 ② A tiger is a fierce beast. [any] (호랑이는 사나운 맹수이다.)

부정관사(a/an)는 처음 소개되는 명사 앞에 쓰이며, 일반적으로 알고 있는 '(막연히) 하나, one(하나)' 이라는 의미 이외에도 'any(어떤~라도), per(~당, ~마다), the same(같은)' 이라는 뜻이 있다.

(1) 단수 보통명사 앞에서 (막연히) 하나

She was **a** very diligent girl. (그녀는 매우 근면한 소녀였다.)

(2) one (하나)

Rome was not built in **a** day. (로마는 하루아침에 세워지지 않았다.)

(3) any (어떤 ~라도)

A friend in need is **a** friend indeed. (어려울 때 친구가 진짜 친구이다.)

(4) per (~마다, ~당)

Take this medicine three times a day. (이 약을 하루에 세 번 드세요.)

(5) the same (같은) → [~ of a(an) + 명사]

Susie and Tom are of an age. (Susie와 Tom은 나이가 같다.)

Check It Out!

부정관사(a/an)와 수의 일치

• A poet and novelist *was* present. → 동일인 [단수 취급] (시인이자 소설가인 사람이 참석했다.)

• A poet and a novelist *were* present. → 두 사람 [복수 취급] (시인과 소설가가 참석했다.)

Check-up

1~5

밑줄 친 부정관사(a/an)의 의미를 [보기]에서 고르시오.

| 보기 | ① (막연히) 하나   ② one(하나)   ③ any(어떤 ~라도)
       ④ per(~마다, ~당)   ⑤ the same(같은)

1. A dog is a faithful animal. (   )

2. He is of a mind with me. (   )

3. The cabinet members resigned in a body. (   )

4. I bought these melons three hundreds won a piece. (   )

5. He lent me a dictionary. (   )

6 ～ 10

밑줄 친 부정관사(a/an)에 유의하여 다음 문장을 우리말로 옮기시오.

6. <u>A</u> bird in the hand is worth two in the bush.

7. She works in <u>an</u> office.

8. She visits her parents once <u>a</u> week.

9. <u>A</u> doctor and patient was unhappy at that time.

10. They are all my friends and of <u>an</u> age.

11 ● ● ●

다음 빈칸에 공통으로 들어갈 말은?

• I have _____ piano.

• There is _____ teacher in the classroom.

• This is _____ vase.

① the   ② a

③ an   ④ for

⑤ from

비법 전수

정관사(the)는 '앞에 **나**온 명사가 다시 **반**복될 때, 수식어구에 의해 **한**정될 때, 문맥상 전후 관계로 **당**연히 알 수 있는 경우, **신**체 일부, **유**일무이한 경우, **종**족대표, **단**위, **발**명품, **악**기명, **최**상급, **서**수 앞'에 사용된다. 진하게 표시된 글자를 조합해서 '**나에게 반한 당신 유종단 발악이 최상에 서 있다**'라고 암기한다:

나에게 반한 당신 유종단 발악이 최상에 서 있다!

◆ 정관사(the) 출제 족보

▶ 주의해야 할 정관사 용법

① 앞에 나온 명사가 다시 반복될 때

② 유일무이한 자연물 및 동서남북의 방향을 나타낼 때

③ 발명품, 악기명을 나타낼 때

정관사(**the**)는 '앞에 나온 명사가 다시 반복 될 때, 수식어구에 의해 한정될 때, 문맥상 전후 관계로 당연히 알 수 있는 경우, 신체 일부, 유일무이한 경우, 종족대표, 단위, 발명품, 악기명, 최상급, 서수 앞'에 사용된다.

(1) 앞에 나온 명사가 다시 반복될 때

I bought a new dictionary. The dictionary was very expensive.

(나는 새 사전을 샀다. 그 사전은 매우 비쌌다.)

(2) 수식어구(형용사구, 형용사절)의 한정이 될 때

The water *of this well* is good to drink. (이 우물의 물은 마시기가 좋다.)

(3) 문맥상 전후 관계로 당연히 알 수 있는 경우

Please, open the door. (문 좀 열어 주세요.)

(4) 신체 일부를 표시할 때

He caught me by the hand. (그는 내 손을 잡았다.)

(5) 유일무이한 자연물 및 동서남북의 방향을 나타낼 때

The sky seems filled with stars. (하늘이 별들로 가득 찬 것처럼 보인다.)

(6) 종족의 대표

The dog is a faithful animal. (개는 충실한 동물이다.)

(7) 시간, 수량의 단위를 나타낼 때

Sugar is sold by **the pound**. (설탕은 파운드 단위로 판매된다.)

(8) 발명품, 악기명을 나타낼 때

He played **the piano** very well. (그는 피아노를 매우 잘 쳤다.)

(9) 최상급, 서수 앞에

Seoul is **the largest** city in Korea. (서울은 한국에서 가장 큰 도시이다.)

Check It Out!

정관사 the의 발음

정관사 the는 자음 앞에서 /ðə/로 발음된다. 하지만 단어의 첫 발음이 모음, 즉 a, e, i, o, u 등으로 시작되는 말 앞에 쓰일 경우 /ði/로 발음된다. 예를 들어, the honest man이란 말에서 honest는 철자가 자음인 h로 시작하지만 발음이 모음으로 시작되므로(/ánist/), 이 경우 정관사 the는 /ðə/가 아니라 /ði/로 읽어야 한다.

1~5

다음 문장에서 **틀린** 부분을 찾아 바르게 고쳐 쓰시오.

1. Ann plays cello well.

2. A girl wearing sunglasses is his girlfriend.

3. Earth moves around the sun.

4. I have a bag. A bag is very heavy.

5. Mr. Green is in classroom.

＊전문 해석＊

1. Ann은 첼로를 잘 켠다.
2. 선글라스를 끼고 있는 소녀가 그의 여자 친구이다.
3. 지구는 태양 주위를 돈다.
4. 나는 가방이 있다. 그 가방은 매우 무겁다.
5. Green 씨는 교실에 있다.

＊문제 해결＊

1. 악기 이름 앞에는 정관사 the를 써야 한다.
2. 뒤에 수식하는 말이 딸린 명사는 앞에 정관사 the를 붙인다.
3. 세상에 하나뿐인 것을 가리킬 때 정관사 the를 쓴다.
4. 한번 언급했던 것을 다시 말할 때 정관사 the를 쓴다.
5. 서로가 알고 있는 것을 말할 때 정관사 the를 쓴다.

＊어휘 해결＊　**wear sunglasses** 선글라스를 끼다

정답　1. cello → the cello　2. A girl → The girl　3. Earth → The earth　4. A bag → The bag
5. classroom → the classroom

6

빈칸에 알맞은 말이 바르게 짝지어진 것은?

- He caught me by _____ hand.

- _____ milk on the table is for you.

① the / the   ② a / the   ③ the / a   ④ a / a   ⑤ the / an

＊전문 해석＊
- 그가 내 손을 잡았다.
- 테이블 위에 있는 우유는 네 것이다.

＊문제 해결＊ 신체의 일부를 표시하거나 형용사구의 수식(on the table)을 받을 경우에는 정관사 the를 사용한다.

정답 6. ①

---

7 ~ 8

우리말과 같은 뜻이 되도록 빈칸에 알맞은 단어를 쓰시오.

7. 우리는 한 시간에 얼마로 배를 빌렸다.

→ We hired a boat by _____ _____.

8. 어떤 책도 성경과 필적할 수는 없다.

→ No book can be compared with _____ _____.

＊문제 해결＊ 7. 시간, 수량의 단위를 나타낼 때 정관사 the를 쓴다.
8. 유일무이한 것 앞에는 정관사 the를 쓴다.

＊어휘 해결＊ **hire** 고용하다, 빌리다 / **compare** 비교하다, 비유하다

정답 7. the hour 8. the Bible

Case 08 – 관사의 위치와 생략

관사가 생략되는 '**가족관계나 호칭, 건물이 본래의 목적으로 쓰일 때, 학문, 교통수단, 질병, 운동경기 이름, 식사**'의 경우를 '**가족관계 호칭을 본래 목적대로 부르면 학교에서 병신으로 취급당해 운동도 못하고 식사도 못한다!**'라고 암기한다: 가족관계 호칭을 본래 목적대로 부르면 학교에서 병신으로 취급당해 운동도 못하고 식사도 못한다!

◆ 관사의 위치와 생략 출제 족보

▶ 관사의 위치

① such, half, all, both, double, twice + 관사 + (형용사) + 명사

② so, as, too, how, however + 형용사 + 관사 + 명사

③ quite, only, rather, what(감탄문) + 관사 + 형용사 + 명사

▶ 관사의 생략: 가족관계나 호칭, 건물이 본래의 목적으로 쓰일 때, 학문, 교통수단, 질병, 식사, 운동 경기 이름

부정관사(a/an)와 정관사(the)가 오는 위치는 일정하게 정해져 있으며, 이러한 관사가 특정한 이유 때문에 전혀 쓰이지 않는 경우도 있다. 관사가 생략되는 경우는 가족관계나 호칭, 건물이 본래의 목적으로 쓰일 때, 학문, 교통수단, 질병, 운동경기 이름, 식사이다.

(1) **관사의 위치(원칙):** 관사 + (부사) + 형용사 + 명사 → a very pretty girl

① such, half, all, both, double, twice + 관사 + (형용사) + 명사

All the members of my family are fond of sports. (우리 가족 모두는 운동을 좋아한다.)

② so, as, too, how, however + 형용사 + 관사 + 명사

I have never seen *so* beautiful a girl as she. (나는 그녀만큼 아름다운 소녀를 본 적이 없다.)

③ quite, only, rather, what(감탄문) + 관사 + 형용사 + 명사

What a terrible sight it was! (얼마나 두려운 광경이었던가!)

(2) 관사의 생략

① 가족관계나 호칭을 말할 때

Is breakfast ready, Mother? (어머니, 아침 준비됐어요?)

② 건물이 본래의 목적으로 쓰일 때

We go to school from Monday to Friday. (우리는 월요일부터 금요일까지 학교에 공부하러 간다.)

③ 학문, 교통수단, 질병, 식사, 운동경기 이름 앞에서

I traveled by train. (나는 기차로 여행했다.)

Baseball is my favorite sport. (야구는 내가 가장 좋아하는 운동이다.)

Check It Out!

식사 앞에 정관사 the를 붙이는 경우

① 특수한(특정한) 식사를 말할 때는 정관사를 붙일 수 있다.
The lunch *I had this afternoon* was too light. (오늘 점심은 너무 간소했다.)

② 식사의 모양과 성격을 나타내는 형용사가 선행할 때는 정관사나 부정관사를 붙일 수 있다.
I had an *early* breakfast this morning. (나는 오늘 아침을 일찍 먹었다.)
Thank you for the *good* dinner. (훌륭한 대접을 해 주셔서 감사합니다.)

1 ~ 5 ● ● ●

다음 문장에서 틀린 부분을 찾아 바르게 고쳐 쓰시오.

1. I went to work by the taxi.

2. All students came to the concert to see him.

3. That was too difficult problem for me to solve.

4. He studies for an hour before the breakfast.

5. You can't finish your homework in such short a time.

✳전문 해석✳
1. 나는 택시로 직장에 갔다.
2. 모든 학생들이 그를 보기 위해 음악회에 왔다.
3. 그것은 내가 풀기에는 너무 어려운 문제였다.
4. 그는 아침 식사 전에 한 시간 동안 공부한다.
5. 너는 그렇게 짧은 시간 동안에 숙제를 끝낼 수 없다.

✳문제 해결✳
1. 교통수단에는 관사를 붙이지 않는다.
2. [such, half, all, both, double, twice + 관사 + (형용사) + 명사]라는 관사의 위치에 주목한다.
3. [so, as, too, how, however + 형용사 + 관사 + 명사]라는 관사의 위치에 주목한다.
4. 원칙적으로 식사 이름 앞에는 관사를 붙이지 않는다.
5. [such, half, all, both, double, twice + 관사 + (형용사) + 명사]라는 관사의 위치에 주목한다.

 정답 1. by the taxi → by taxi 2. All students → All the students 3. difficult problem → difficult a problem 4. the breakfast → breakfast 5. such short a time → such a short time

①~⑤ 중에서 부정관사(a/an)가 들어갈 알맞은 위치는?

6. Tom ① is ② very ③ diligent ④ young ⑤ man.

7. She was ① such ② kind ③ girl that she helped the ④ old ⑤ man.

8. Your son ① is ② as ③ clever ④ boy as ⑤ mine.

✳전문 해석✳
6. Tom은 매우 근면한 젊은 남자이다.
7. 그녀는 아주 친절한 소녀여서 그 노인을 도와주었다.
8. 당신의 아들은 내 아들만큼 똑똑한 소년이다.

✳문제 해결✳
6. 관사의 원칙적 위치는 [관사 + (부사) + 형용사 + 명사]이다.
7. [such, half, all, both, double, twice + 관사 + (형용사) + 명사]라는 관사의 위치에 주목한다.
8. [so, as, too, how, however + 형용사 + 관사 + 명사]라는 관사의 위치에 주목한다.

✳어휘 해결✳ **diligent** 근면한 / **clever** 영리한, 똑똑한

정답 6. ② 7. ② 8. ④

어법상 올바른 문장은?

① What will you have for lunch?
② You are as a smart girl as Jennifer.
③ We play the soccer every afternoon.
④ He is a able very man in our school.
⑤ My father died of the cancer.

＊전문 해석＊
① 점심으로 무엇을 드시겠습니까?
② 너는 Jennifer만큼 똑똑한 소녀이다.
③ 우리는 매일 오후에 축구를 한다.
④ 그는 우리 학교에서 매우 능력 있는 사람이다.
⑤ 나의 아버지는 암 때문에 돌아가셨다.

＊문제 해결＊
① 식사 이름(lunch) 앞에는 관사를 생략한다.
② [so, as, too, how, however + 형용사 + 관사 + 명사]라는 관사의 위치에 주목한다.
③ 운동경기 이름(soccer) 앞에는 관사를 생략한다.
④ 관사의 원칙적 위치는 [관사 + (부사) + 형용사 + 명사]이다.
⑤ 질병(cancer) 앞에는 관사를 생략한다.

＊어휘 해결＊ **cancer** 암

정답 9. ①

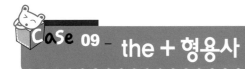

Case 09 – the + 형용사

[the + 형용사]는 '복수 보통명사, 단수 추상명사, 일부분 표시'로 사용된다. 암기할 때는 **'저 형(the + 형용사) 복부(복수 보통명사)에 있는 단추(단수 추상명사)가 일부분(일부분 표시)만 있네!'** 라고 외운다: 저 형 복부에 있는 단추가 일부분만 있네!

◆ the + 형용사 출제 족보

① 복수 보통명사: We should respect the old. (우리는 노인을 공경해야 한다.)
② 단수 추상명사: Don't ask me the impossible. (나에게 불가능한 일을 요구하지 마라.)

[the + 형용사]는 복수 보통명사, 단수 추상명사, 일부분 표시로 사용된다. 글의 흐름을 통해서 '복수 보통명사, 단수 추상명사, 일부분 표시' 중 어느 것으로 사용되었는지를 판단해야 한다. [the + 형용사]는 특히 독해에서 자주 사용되는 문법이다.

〈the + 형용사〉

(1) 복수 보통명사(=형용사 + people (~한 사람들))

The rich are not always happy. (부자들이 항상 행복한 것은 아니다.)

The busy have no time for tears. (바쁜 사람들은 울 시간도 없다.)

(2) 단수 추상명사

The true is not changed. (진리는 바뀌지 않는다.)

She has no taste for the beautiful. (그녀는 아름다움에 대한 안목이 없다.)

(3) 일부분 표시

This is the yellow of an egg. (이것은 계란의 노란 부분이다.)

the+분사 (현재분사/과거분사)

분사도 품사가 형용사이기 때문에 [the + 형용사]의 용법이 된다.

① People hated the accused. [단수 보통명사] (사람들은 피고인을 가증스러워 했다.)

② The killed were numberless. [복수 보통명사] (죽은 사람들은 무수히 많았다.)

Check-up

1 ~ 5

밑줄 친 부분에 주의하여 각 문장을 해석하시오.

1. The poor are not always miserable.

2. He tried to achieve the impossible.

3. This is the black of the paper.

4. There are not enough jobs for the handicapped.

5. The young on spirit enjoy life.

6 ~ 7

두 문장이 같은 뜻이 되도록 빈칸에 알맞은 말을 쓰시오.

6. You must be kind to old people.

= You must be kind to _____ _____.

7. An artist searches for beauty in life.

= An artist searches for _____ _____ in life.

우리말과 같은 뜻이 되도록 빈칸에 알맞은 말을 쓰시오.

강자가 약자를 도와야할 책임이 있다고 생각하지 않습니까?

→ Don't you think _____ _____ have the responsibility to help

_____ _____?

＊문제 해결＊ [the + 형용사]는 복수 보통명사로 사용되어 '～한 사람들'의 의미를 나타낸다. '강자'는 the strong으로, '약자'는 the weak로 나타내면 된다.

＊어휘 해결＊ **responsibility** 책임(감)

정답 8. the strong, the weak

Case 10 – a number of와 the number of

[a number of + 복수명사 + 복수동사]와 [the number of + 복수명사 + 단수동사]를 암기할 때에는 간단하게 **'어(a) 놈(number)은 복수이고, 그(the) 놈(number)은 단수이다!'** 라고 외운다: 어(a) 놈 (number)은 복수이고, 그(the) 놈(number)은 단수이다!

◆ a number of와 the number of 출제 족보
  ① a number of + 복수명사 + 복수동사 → [많은 ~]
  ② the number of + 복수명사 + 단수동사 → [~의 수]

[a number of + 복수명사 + 복수동사]는 '많은 ~'의 뜻을 가지지만, [the number of + 복수명사 + 단수동사]는 '~의 수'란 의미이다. 특히 **a number of**에 **a**가 붙었다고 해서 단수라고 착각하지 않도록 주의한다.

(1) A number of *boys are* playing on the ground. (많은 소년들이 운동장에서 놀고 있다.)

(2) The number of *boys is* increasing. (소년들의 수가 늘어나고 있다.)

(3) A number of *students* in our school *have* been to the new amusement park.
    (우리 학교의 많은 학생들은 새 놀이공원에 간 적이 있다.)

(4) The number of *people* who have visited these temples *is* decreasing.
    (이 사원들을 방문하는 사람들의 수는 줄고 있다.)

Check It Out!

a number of와 a deal of의 차이

a number of는 many의 뜻으로 '수'를 나타내고, a deal of는 much의 뜻으로 '양'을 나타낸다.

① A number of people *are* going there to watch the game. (많은 학생들이 그 경기를 보기 위해서 그곳으로 가고 있다.)

② A great deal of water *is* needed for the dwellers. (거주자들을 위해 많은 물이 필요하다.)

1~5

괄호 안에서 알맞은 말을 고르시오.

1. The number of points scored (depend, depends) on you.

2. (A, The) number of people were present at the meeting.

3. The number of the graduates this year (is, are) 90 in all.

4. A number of (way, ways) to learn were presented through her lecture.

5. The number of extinct species (is, are) increasing rapidly.

✻전문 해석✻
1. 득점의 수는 너에게 달려 있다.
2. 많은 사람들이 회의에 참석했다.
3. 올해 졸업생들의 수는 모두 90명이다.
4. 많은 학습방법이 그녀 강의를 통해 제시되었다.
5. 멸종한 (동ㆍ식물) 종의 수가 빠르게 증가하고 있다.

✻문제 해결✻
1~5. [a number of + 복수명사 + 복수동사]는 '많은 ~'의 뜻을 가지지만, [the number of + 복수명사 + 단수동사]는 '~의 수'란 의미이다.

✻어휘 해결✻
score 득점하다 / **depend on** 의지하다, 의존하다 / **be present at** ~에 참석하다 / **lecture** 강의 / **extinct** 멸종된 / **species** 종(種)

정답 1. depends 2. A 3. is 4. ways 5. is

6 ~ 10 ● ●

밑줄 친 부분을 어법에 맞게 고쳐 쓰시오.

6. The number of people in the park <u>are</u> increasing now.

7. A number of classmates in our class <u>has</u> been to the wonderful concert.

8. During the past year <u>a</u> number of automobile accidents in New York City has decreased.

9. There were <u>the</u> number of people outside last night.

10. A number of listening tests <u>contains</u> short statements in the form of instructions or dictations.

＊전문 해석＊   6. 공원에 있는 사람의 수가 현재 증가하고 있다.
7. 우리 반 학생들은 멋있는 연주회에 간 적이 있다.
8. 지난 1년 동안 뉴욕 시에서는 교통사고가 줄었다.
9. 지난밤 교외에는 많은 사람들이 있었다.
10. 많은 듣기 시험들은 지시나 받아쓰기 형태로 된 짧은 진술을 포함한다.

＊문제 해결＊   6~10. [a number of + 복수명사 + 복수동사]는 '많은 ~'의 뜻을 가지지만, [the number of + 복수명사 + 단수동사]는 '~의 수'란 의미이다.

＊어휘 해결＊   **statement** 진술, 말 / **instruction** 지시, 명령 / **dictation** 받아쓰기

정답   6. is   7. have   8. the   9. a   10. contain

[1~3] 주어진 단어를 이용하여 다음 문장을 영작하시오.

01 대도시에 사는 젊은이들은 익스트림 스포츠에 열광한다. (the young, crazy, extreme-sports)

→ _____

02 이 지역의 자동차 숫자가 꾸준히 증가하고 있다. (number, steadily)

→ _____

03 한국에서 만들어진 수많은 자동차가 북미지역과 유럽으로 수출되어 왔다. (number, export)

→ _____

04 밑줄 친 부분 중, 어법상 틀린 것은?

Yesterday a beggar knocked at my door. He asked me for a meal and ①a glass of beer. In return for this, the beggar stood on his head and sang songs. I gave him a meal. He ate the food and ②drank the beer. Then he put ③a piece of cheese in his pocket and went away. Later a neighbor told me about him. Everybody ④knows him. He calls at every house in the street once ⑤the month and always asks for something to eat.

05 빈 칸 (A)와 (B)에 가장 적절한 것끼리 짝지은 것은?

In winter, people usually tend to decrease their activity and save energy. They aren't as active or as physically fit as they are in summer. Such inactiveness, however, could affect their well-being. __(A)__ to maintain good health and have a good figure, don't let winter keep you from your regular activities and exercise. And if you are among the 64 percent of Americans who don't exercise at all, winter is __(B)__ as any to start.

	(A)	(B)
①	If you want	as good a time
②	If you want	good a time as
③	If you want	as a good time
④	You want	as a good time
⑤	You want	good a time as

06 밑줄 친 (A), (B), (C)에서 어법에 맞는 표현을 골라 짝지은 것으로 가장 적절한 것을 고르시오.

I (A)have/had read your magazine since the beginning of the year and I really like it now. Where else could teenagers share their feelings with others all over the country? It is nice to hear from people of my age about issues we face and their thoughts. There (B)is/are not a number of magazines completely written by teenagers. That is (C)that/what makes this magazine so interesting. When I read something teenagers wrote, I often find myself saying, "That is really cool." Also, reading their articles inspires me to improve my writing skills.

	(A)	(B)	(C)
①	have	is	that
②	have	are	what
③	have	is	what
④	had	are	that
⑤	had	is	what

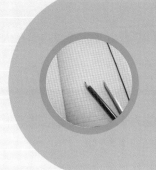

First Step 명사 관련 필수 문법요소

03 명사와 대명사

Case 11~18

First Step

3. 명사와 대명사

Case 11~18

Case 11 - 명사의 종류

비법 전수

명사의 종류에는 '고유명사, 추상명사, 보통명사, 물질명사, 집합명사'가 있다. 암기할 때는 첫 글자를 조합하여 **'고추보물집!'**이라고 단숨에 외운다: 고 추 보 물 집!

◆ 명사의 종류 출제 족보

① **셀 수 있는 명사(보통명사, 집합명사)**: 단수와 복수의 구별이 있고, a/an, 수사, many, few 등과 함께 쓸 수 있다.

② **셀 수 없는 명사(고유명사, 물질명사, 추상명사)**: 복수로 쓸 수 없고 부정관사, 수사를 붙일 수도 없다. much, little의 수식을 받는다.

사람이나 사물의 이름을 나타내는 말을 명사라고 하는데, 명사는 셀 수 있는 명사와 셀 수 없는 명사로 나눌 수 있다. 셀 수 있는 명사에는 '보통명사와 집합명사'가 있고, 셀 수 없는 명사에는 '고유명사, 물질명사, 추상명사'가 있다.

(1) 셀 수 있는 명사: 단수와 복수의 구별이 있고, **a/an**, 수사, **many**, **few** 등과 함께 쓸 수 있다.

① 보통명사: 형태가 있는 사물의 일반적인 이름

She has a brother. (그녀는 오빠가 있다.)

There are three cups on the table. (테이블에는 세 개의 컵이 있다.)

② 집합명사: 사람이나 사물의 집합체를 나타내는 명사

집합체 전체를 하나로 받을 때는 단수 취급, 집합의 구성원 개개인을 말할 때는 복수 취급한다.

My family _is_ a large one. (나의 가족은 대가족이다.) → 가족 전체 [단수 취급]

My family _are_ all healthy. (나의 가족은 모두 건강하다.) → 가족 구성원 개개인 [복수 취급]

(2) **셀 수 없는 명사:** 복수로 쓸 수 없고 부정관사, 수사를 붙일 수 없다. much, little의 수식을 받는다.

① **고유명사:** 사람이나 장소, 특정한 사물의 이름을 나타내는 명사로 항상 대문자로 쓴다.

I'd like to meet Mr. Kim. (나는 김 씨를 만나고 싶다.)

② **물질명사:** 일정한 형태가 없는 물질을 나타내는 명사

I like milk more than juice. (나는 주스보다 우유를 더 좋아한다.)

③ **추상명사:** 형태가 없고 추상적인 의미를 나타내는 명사

We always want happiness. (우리는 항상 행복을 원한다.)

Check It Out!

추상명사에 부정관사(a/an)를 붙이면?

추상명사 앞에 a(an)이 붙어 구체적인 행위나 행위자를 나타낼 수 있다.

He was a great success as a singer. (그는 가수로서 매우 성공한 사람이었다.)

1 ~ 5

단어의 종류가 <u>다른</u> 하나를 고르시오.

1. book, pen, boy, water, dog

2. park, Mike, Seoul, America, Monday

3. paper, sugar, chair, air, money

4. love, beauty, peace, sister, war

5. John Smith, Korea, New York, family

✽문제 해결✽
1. 보통명사 → water는 물질명사
2. 고유명사 → park는 보통명사
3. 물질명사 → chair는 보통명사
4. 추상명사 → sister는 보통명사
5. 고유명사 → family는 집합명사

✽어휘 해결✽ **park** 공원 / **beauty** 아름다움

 정답 1. **water** 2. **park** 3. **chair** 4. **sister** 5. **family**

틀린 부분을 찾아 바르게 고쳐 쓰시오.

6. My class is all present.

7. We all want a peace.

8. Do you want some cheeses?

9. Whose are these book?

10. My family are very large.

＊전문 해석＊

6. 모든 학생들이 출석했다.
7. 우리는 모두 평화를 원한다.
8. 치즈를 좀 드릴까요?
9. 이 책들은 누구의 것인가?
10. 우리 가족은 대가족이다.

＊문제 해결＊

6. class는 집합의 구성원 개개인을 말할 때는 복수 취급을 한다.
7. 추상명사는 셀 수 없는 명사이므로 관사와 함께 쓸 수 없다.
8. cheese는 물질명사로서 복수로 만들 수 없다.
9. 내용상 book은 복수가 되어야 한다.
10. family가 집합적으로 쓰였으므로 단수 취급한다.

＊어휘 해결＊   **present** 출석한, 참석한

정답   6. is → are 7. a peace → peace 8. cheeses → cheese 9. book → books 10. are → is

Case 12 - 물질명사의 수량 표시

물질명사는 일정한 형태가 없기 때문에 셀 수 없으나, 막연한 양은 much, little, some, any로 나타낸다. **'물질명사의 수량을 표시하는 방법은 머(much) 리(little) 썩(some) 어(any)!'** 로 암기하도록 한다:

물질 명사의 수량을 표시하는 방법은 머리 썩어!

◆ **물질명사의 수량 표시 출제 족보**

① **막연한 양:** much, little, some, any

② **일정한 양:** 단위명사 + of + 물질명사(a cup of, a pound of, a slice of, a glass of 등)

물질명사는 일정한 형태가 없기 때문에 원래 셀 수 없으나, 막연한 양은 much, little, some, any로 나타내고, 일정한 양은 a cup of, a pound of, a slice of, a glass of 등으로 표현한다.

(1) We have much *snow* in winter. (겨울에는 눈이 많이 온다.)

(2) I waited for Ms. Robertson over a cup of *coffee*. (나는 커피 한 잔을 마시면서 Ms. Robertson을 기다렸다.)

(3) She bought a pound of *butter*. (그녀는 버터 1파운드를 샀다.)

(4) We caught a school of *fish* in the river. (우리는 강에서 물고기 한 떼를 잡았다.)

a cup of **coffee**(tea)	a glass of **milk**(water, juice)
a pound of **sugar**	a bottle of **ink**
a piece of **paper**(pizza, cake)	a slice of **cheese**(bread)
a sheet of **paper**	a pair of **shoes**(socks, pants)

Check-up

1 ~ 5

빈칸에 알맞은 말을 쓰시오.

1. Would you like a _____ of coffee?

2. Please give me a _____ of paper.

3. I drink three _____ of milk every day.

4. She bought a _____ of shoes yesterday.

5. He ate a _____ of bread.

＊전문 해석＊
1. 커피 한 잔 드시겠어요?
2. 나에게 종이 한 장 주세요.
3. 나는 매일 우유 세 잔을 마신다.
4. 그녀는 어제 신발 한 켤레를 샀다.
5. 그는 빵 한 조각을 먹었다.

＊문제 해결＊
1. coffee는 cup을 이용한다.
2. paper는 piece 혹은 sheet를 이용한다.
3. milk는 glass를 이용하며, 세 잔이므로 복수형을 쓴다.

4. 짝을 이루는 말은 pair를 쓴다.

5. bread는 주로 slice를 이용한다.

✏️ **정답** 1. cup 2. piece 또는 sheet 3. glasses 4. pair 5. slice

---

6~9 ● ● ●

틀린 부분을 찾아 바르게 고쳐 쓰시오.

6. Give me some breads.

7. We have many rains in summer.

8. I bought two cakes of soaps.

9. She gave me three pounds of butters.

✳︎전문 해석✳︎ 6. 나에게 빵을 좀 주세요.

7. 여름에는 비가 많이 온다.

8. 나는 두 장의 비누를 샀다.

9. 그녀는 나에게 3파운드의 버터를 주었다.

✳︎문제 해결✳︎ 6. 물질명사는 셀 수 없으므로 복수형이 없다.

7. 물질명사의 양을 나타낼 때에는 much, little, some, any로 표현한다.

8, 9. soap와 butter는 물질명사이므로 복수형으로 니디낼 수 없다.

✳︎어휘 해결✳︎ **a cake of soap** 비누 한 장 / **a pound of butter** 버터 1파운드

✏️ **정답** 6. breads → bread 7. many rains → much rain 8. soaps → soap 9. butters → butter

Case 13 – 명사의 수

비법 전수

규칙적으로 변화하는 명사의 복수형 중에서 [명사 + s]의 형태가 되는 것은 **'피아노(piano) 위에 있는 사진(photo)은 지붕(roof)에서 소년(boy)이 장난감(toy)을 들고 S라인을 만드는 모습이다!'** 라고 암기한다: 피아노 위에 있는 사진은 지붕에서 소년이 장난감을 들고 S라인을 만드는 모습이다!

◆ 명사의 수 출제 족보

① 규칙 변화 복수형: pianos, photos, roofs, boys, toys

② 불규칙 변화 복수형: men, women, teeth, feet, children, mice

명사의 복수형은 일반적으로 명사에 −s를 붙인다. 하지만 명사의 복수형을 만들 때 주의해야 하는 것들은 눈에 자주 노출시켜 암기해야 한다.

〈명사의 복수형〉

(1) 규칙 변화

대부분의 명사 + −s	books, maps, girls, cats, lions, pencils 등
−s, −ss, −ch, −sh, −x로 끝나는 명사 + −es	buses, classes, benches, dishes, boxes 등
[자음 + o]로 끝나는 명사 + −es	potatoes, tomatoes, heroes 등 ※ 예외: pianos, photos
[자음 + y]로 끝나는 명사: −y → −ies	baby → babies, lady → ladies, city → cities 등
[모음 + y]로 끝나는 명사 + s	boys, toys, monkeys, keys 등
−f, −fe로 끝나는 명사: −f, −fe → −ves	leaf → leaves, knife → knives, wolf → wolves ※ 예외: roofs

(2) 불규칙 변화

단수	복수	단수	복수
man	men	foot	feet
woman	women	child	children
tooth	teeth	mouse	mice

Check It Out!

주의해야 할 명사의 수

① 단수와 복수가 같은 명사: sheep, fish, deer, Chinese, Japanese 등

② 항상 복수형으로 쓰는 경우: 짝을 이루거나 중요 부분이 2개인 것

    ex. shoes, glasses, scissors, pants, gloves 등

③ 복수처럼 보이는 단수 명사: news(뉴스), physics(물리학) 등

Check-up

1 ~ 10

빈칸에 명사의 단수형 또는 복수형을 쓰시오.

	단수	복수		단수	복수
1.	orange		6.	piano	
2.		cities	7.	potato	
3.	dish		8.		toys
4.		feet	9.		roofs
5.	sheep		10.	child	

● 11 ~ 15 ●

다음 문장의 밑줄 친 부분을 바르게 고쳐 쓰시오.

11. Mr. Kim has three <u>childs</u>.

12. There were six <u>womans</u> in the party.

13. There are lots of <u>babys</u> in this room.

14. Give me two <u>glass</u> of waters.

15. Cows give milk. <u>Sheeps</u> give wool.

＊전문 해석 ＊
11. 김 씨는 세 명의 자녀가 있다.
12. 파티에는 6명의 여자가 있었다.
13. 방안에는 많은 아이들이 있다.
14. 나에게 물 두 잔을 주세요.
15. 소는 우유를 제공한다. 양은 양모를 제공한다.

＊문제 해결 ＊
11. child의 복수형은 children이다.
12. woman의 복수형은 women이다.
13. baby의 복수형은 babies이다.
14. glass의 복수형은 glasses이다.
15. sheep은 단수와 복수가 같은 명사이다.

＊어휘 해결 ＊ **lots of** 많은(=a lot of)

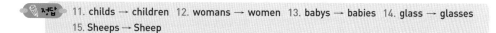

Case 14 - 인칭대명사와 소유대명사

소유대명사는 [소유격 + 명사]를 대신하는 표현으로 의미는 '~의 것'이다. 암기할 때에는 **'소유대명사는 소명사(소유격 + 명사)의 것이다!'** 라고 외운다: 소유대명사는 소명사의 것이다!

◆ 인칭대명사와 소유대명사 출제 족보

① 인칭대명사의 격: 주격, 소유격, 목적격
② 소유대명사의 의미: [소유격 + 명사]를 대신하는 표현으로 의미는 '~의 것'

명사를 대신하는 말을 대명사라고 하는데, 인칭을 나타내는 대명사를 인칭대명사, [소유격+명사]를 대신하는 표현으로 '~의 것'의 뜻을 나타내는 대명사를 소유대명사라 한다.

(1) 인칭대명사의 격변화

	주격	소유격	목적격	소유대명사
단수	I	my	me	mine
	You	your	you	yours
	He	his	him	his
	She	her	her	hers
	It	its	it	—
복수	We	our	us	ours
	You	your	you	yours
	They	their	them	theirs

① 주격: 문장에서 주어 역할을 하며 '~은(는), ~이(가)'의 의미

I am washing the dishes. (나는 설거지를 하고 있다.)

We can help him. (우리는 그를 도울 수 있다.)

② 소유격: 소유 관계를 표시하며 '~의'의 의미

He is **my** best friend. (그는 나의 가장 좋은 친구다.)

They invited Minsu to **their** city. (그들은 자신들이 사는 도시에 민수를 초대했다.)

③ 목적격: 문장에서 동사나 전치사의 목적어 역할을 하며 '~을(를), ~에게'의 의미

Dad took **me** to the amusement park. (아빠는 나를 놀이공원에 데려가셨다.)

I don't know **him**. (나는 그를 모른다.)

(2) 소유대명사의 의미: [소유격 + 명사]를 대신하는 표현으로 '~의 것'의 의미

The car is **hers**. (○) (그 차는 그녀의 것이다.)

The car is **hers** car. (×)

This parrot is **mine**. → This is **my** parrot. (그 앵무새는 나의 것이다.)

Those shoes are **his**. → Those are **his** shoes. (이 신발들은 그의 것이다.)

Check It Out!

인칭대명사는 사람이나 동물, 사물을 대신하여 쓰는 말로 인칭, 수, 격에 따라 달리 쓴다.

① **명사의 소유격:** 사람이나 동물의 소유격은 명사에 's를 붙여 나타낸다.

Those are Mike's books. (이것들은 마이크의 책들이다.)

② **고유명사의 소유대명사:** 고유명사에 's를 붙여서 나타낸다.

This dress is Susan's. (이 드레스는 수잔의 것이다.)

③ **whose:** '누구의 것', '누구의'라는 뜻으로, 누가 사물의 주인인지를 물을 때 사용하는 말이다.

Whose raincoat is this? / Whose is this? → It is mine.

(이 레인코트는 누구의 것인가? / 이것은 누구의 것인가? → 그것은 내 것이다.)

1 ~ 5 ● ● ●

( ) 안에서 알맞은 말을 고르시오.

1. I went to a garage sale with (I, my, me) parents.

2. Mom found a blouse. Dad bought it for (she, her, his).

3. Dad found some shoes. He really liked (they, their, them).

4. (He, His, Him) shoes are very old.

5. My pen is longer than (you, your, yours).

✳전문 해석✳

1. 나는 부모님과 함께 차고 세일에 갔다.
2. 엄마는 블라우스를 찾았다. 아빠는 엄마를 위해 그것을 샀다.
3. 아빠는 신발을 찾았다. 그는 그것을 정말 좋아했다.
4. 그의 신발은 매우 낡았다.
5. 나의 펜은 너의 펜보다 더 길다.

✳문제 해결✳

1. 명사 parents를 수식하는 소유격 my가 올바르다.
2. 전치사(for)의 목적어로 쓰일 수 있는 것은 목적격이다.
3. 동사 liked의 목적어가 필요하므로 목적격 them이 알맞다.
4. 명사 shoes를 수식하는 소유격 His가 알맞다.
5. your pen의 의미가 되어야 하므로 소유대명사 yours가 어법상 올바르다.

✳어휘 해결✳ **garage sale** (이사하거나 할 때 보통 자기 집 차고에서 하는) 중고품 · 정리품 염가 판매

정답 1. my 2. her 3. them 4. His 5. yours

밑줄 친 부분을 어법에 맞게 고치시오.

6. <u>My</u> know them very well. They know me, too. → _____

7. Uncle Jason bought it for <u>I</u>. → _____

8. I don't know that man. Do you know <u>he</u>? → _____

9. Red is <u>she</u> favorite color. → _____

10. Are those her bags? / No, they're <u>my</u>. → _____

＊전문 해석＊

6. 나는 그들을 매우 잘 안다. 그들도 나를 안다.

7. Jason 삼촌은 나를 위해 그것을 샀다.

8. 나는 저 사람을 모른다. 너는 아니?

9. 빨간색은 그녀가 가장 좋아하는 색이다.

10. 저것들이 그녀의 가방인가요? / 아니오, 그렇지 않아요.

＊문제 해결＊

6. 문장의 주어가 될 수 있는 것은 주격이다.

7. 전치사의 목적격이 필요하다.

8. 타동사 know의 목적어가 필요하므로 him이 알맞다.

9. 명사 color를 수식하는 소유격 her가 올바르다.

10. my bags가 되어야 하므로 소유대명사 mine이 올바르다.

＊어휘 해결＊ **favorite** 제일 좋아하는

정답 6. I 7. me 8. him 9. her 10. mine

[1~3] 다음 빈칸에 들어갈 알맞은 말을 고르시오.

01 Jane and I are hungry. _____ want to eat something.

① He   ② It   ③ She   ④ We   ⑤ They

02 Many people buy _____ books through the Internet.

① we   ② he's   ③ their   ④ they're   ⑤ us

03 The baseball caps on the shelf are _____.

① your   ② his   ③ our   ④ their   ⑤ me

04 다음 문장에서 표현이 <u>어색한</u> 부분을 고르시오.

①<u>When</u> you are ②<u>in the museum</u>, don't make too ③<u>many</u> noise, and you ④<u>must</u> not touch ⑤<u>anything</u>.

05 밑줄 친 부분 중, 어법상 틀린 것은?

A crow sat in a tree with ①<u>a meat</u> in his mouth. The fox wanted ②<u>the meat</u> and said to the crow, "③<u>What a beautiful bird</u> you are! I'm sure you must have a beautiful voice, as well. Why don't you sing for me?" As soon as the foolish crow opened his mouth to sing, the meat ④<u>fell</u> to the ground. The fox ⑤<u>picked it up</u> and ran off.

06 밑줄 친 (A), (B), (C)에서 어법에 맞는 표현을 골라 짝지은 것으로 가장 적절한 것을 고르시오.

Walter and Linda are very good (A)neighbor/neighbors. They often help each other when they are in need. For example, Walter fixes Linda's sink and mows the lawn in her garden while Linda helps Walter bake a cake and take care of the plants. A month ago, Walter lent Linda (B)money/moneys when she bought a new car, while Linda gives Walter (C)advice/an advice when he sold his house.

(A)	(B)	(C)
① neighbor	moneys	advice
② neighbors	money	advice
③ neighbor	moneys	an advice
④ neighbors	money	an advice
⑤ neighbors	moneys	an advice

07 빈칸 (A), (B), (C)에 알맞은 말이 바르게 짝지어진 것은?

John came home late last night. He was very hungry. He headed for the market because there's no food at home. At the market, he bought a ___(A)___ eggs, a ___(B)___ of milk, and a ___(C)___ of bread. After he came back home, he ate his simple dinner and went to bed. He was very tired.

(A)	(B)	(C)
① box	pack	piece
② dozen	carton	loaf
③ set	box	pair
④ pack	pound	pound
⑤ bunch	piece	pack

Case 15 - 대명사 it의 다양한 쓰임

비법 전수

비인칭대명사 it은 '시간, 거리, 계절, 명암, 요일, 날씨' 등을 나타낼 때 쓰이며, 뜻은 없다. 암기할 때는 '**가수 비(비인칭 주어 it)의 시간, 거리, 계명(계절, 명암)은 요날(요일, 날씨)까지 반드시 외워라!**' 라고 기억한다: 가수 비의 시간, 거리, 계명은 요날까지 반드시 외워라!

◆ 대명사 it의 다양한 쓰임 출제 족보

① **가목적어 it**: 주어 + make / think / believe / find / consider + it(가목적어) + to부정사

② **비인칭 주어**: 시간, 거리, 계절, 명암, 요일, 날씨, 막연한 상황을 나타냄

대명사 it은 앞에 나온 명사, 구, 절을 대신하는 인칭대명사로 사용될 뿐만 아니라, 가주어, 가목적어, 비인칭 주어(시간, 거리, 계절, 명암, 요일, 날씨, 막연한 상황)로도 쓰인다.

〈It의 용법〉

(1) 앞에 언급한 명사를 받는다.

He took *a stone* and threw it. (그는 돌을 집어서 던졌다.)

(2) 앞에 나온 구나 절을 받는다.

The prisoner *attempted to escape*, but found it impossible.

(죄수는 탈출을 시도했지만, 그것이 불가능하다는 것을 알았다.)

He is innocent, I know it quite well. (그는 순진무구한데, 나는 그것을 매우 잘 알고 있다.)

(3) 가주어로 쓰일 때

It is very hard *to study English*. (영어 공부는 매우 어렵다.)

It is very important *that you should do the work*.

(네가 일을 해야 하는 것은 매우 중요하다.)

(4) 가목적어로 쓰일 때

I make it a rule *to get up early*. (나는 일찍 일어나는 것을 습관으로 한다.)

I found it impossible *to have breakfast at eight*.

(나는 8시에 아침을 먹는 것이 불가능하다는 것을 발견했다.)

(5) 비인칭대명사로 쓰일 때

① 시간, 거리, 계절, 명암, 요일, 날씨 등을 나타내며 뜻은 없다.

It is fine today. [날씨] (오늘은 날씨가 좋다.)

It is spring now. [계절] (지금은 봄이다.)

What time is it now? [시간] (지금 몇 시입니까?)

How far is it from here to the station? [거리] (여기서 역까지 얼마나 멉니까?)

② 막연한 상황을 나타낼 때

How goes it with you? (요즘 어떻게 지내십니까?)

How is it in the market? (시장의 상황은 어떻습니까?)

(6) It be ~ that 강조 구문: 문장의 일부(주어, 목적어, 부사(구) 등)를 특히 강조함

I bought the book yesterday. (나는 어제 그 책을 샀다.)

→ It was *I* that bought the book yesterday. [주어 강조]

→ It was *the book* that I bought yesterday. [목적어 강조]

Check It Out!

가주어·진주어 구문, 강조구문의 구별법

① **가주어·진주어 구문인 경우:** that절을 it 자리에 놓아도 문장이 성립하고, It is ~ that을 생략하면 문장이 성립하지 않는다.

It is necessary that you should take exercise. (너는 운동을 해야만 할 필요가 있다.)

② **강조구문인 경우:** that절을 it 자리에 놓으면 문장이 성립하지 않고, It is ~ that을 생략해도 문장이 성립한다.

It was I that bought the book yesterday. (어제 책을 산 것은 나였다.)

※ it takes (사람) to 동사원형: (~가) ~하는데 시간이 걸리다

It takes five hours to go there on foot. (거기에 도보로 가는 데 5시간이 걸린다.)

1 ~ 5

다음 밑줄 친 부분을 어법에 맞게 고치시오.

1. That is difficult to learn Chinese.   → _____

2. I found them easy to swim.   → _____

3. This was very hot that morning.   → _____

4. I bought a watch and gave that to my girlfriend. → _____

5. It took me three days finishing this report.   → _____

✱전문 해석✱

1. 중국어를 배우는 것은 어렵다.
2. 나는 수영하는 것이 쉽다는 것을 알았다.
3. 그날 아침은 매우 더웠다.
4. 나는 시계를 사서 여자 친구에게 주었다.
5. 이 보고서를 끝마치는데 3일이 걸렸다.

✱문제 해결✱

1. 밑줄 친 That은 뒤에 나오는 to learn Chinese(진주어)를 대신하는 가주어가 되어야 하므로 It으로 고쳐야 한다.
2. 밑줄 친 them은 가목적어가 되어야 하므로 it으로 고쳐야 한다.
3. 밑줄 친 This는 날씨를 나타내는 문장의 주어 역할을 하는 비인칭 주어 It으로 고쳐야 한다.
4. 밑줄 친 that이 가리키는 것이 앞에 나온 특정한 명사 a watch이므로 대명사는 it이 알맞다.
5. [it takes (사람) … to 동사원형]((~가) ~하는데 시간이 … 걸리다) 구문에 의해 to finish로 고쳐야 한다.

✱어휘 해결✱ **Chinese** 중국어 / **report** 보고서

정답 1. It 2. it 3. It 4. it 5. to finish

다음 문장을 우리말로 옮기시오.

6. It is natural that she should get angry.

7. It is he that is responsible.

8. How is it with your business?

9. It is cold and windy this morning.

10. It takes me a long time to get out of my bed.

＊문제 해결＊

6. It은 가주어이고 that 이하가 진주어이다.
7. It is ～ that 강조용법 구문이다.
8. 상황을 나타내는 it이다.
9. It은 날씨를 나타내는 비인칭 주어이다.
10. [it takes (사람) … to 동사원형]((～가) ～하는데 시간이 … 걸리다) 구문이다.

＊어휘 해결＊ **natural** 당연한, 자연스러운 / **responsible** 책임이 있는

정답 6. 그녀가 화를 내는 것은 당연하다. 7. 책임이 있는 사람은 그 사람이다. 8. 사업은 어떠십니까? 9. 오늘 아침은 춥고 바람이 분다. 10. 나는 침대에서 일어나는 데 오래 걸린다.

비법 전수

사람이나 사물을 가리키는 대표적인 지시대명사에는 this와 that이 있다. 지시대명사의 종류를 암기할 때는 **'지시대명사에 디리(this) 대(that)!'** 라고 외운다: 지시대명사에 디리 대!

◆ 지시대명사 출제 족보

▶ 명사의 반복을 피하기 위한 that/those

① The population of Seoul is three times as large as that of Busan. (서울의 인구는 부산보다 세 배가 많다.)

② The ears of rabbit are longer than those of dog. (토끼의 귀는 개보다 길다.)

사람이나 사물을 가리키는 대명사를 지시대명사라 한다. this(these)는 시간적, 공간적으로 가까운 것에 대해 쓰고, that(those)은 상대적으로 멀리 있는 것에 대해 사용한다.

This is bigger than that. (이것은 저것보다 크다.)

This is my book, and that is Tom's. (이것은 내 책이고, 저것은 Tom의 책이다.)

These are mine. (이것들은 내 것이다.)

Those are Jane's shoes. (저것들은 Jane의 신발이다.)

(1) 문장 앞에 나온 말을 받는 this/that

this나 that은 이미 앞에 나왔던 특정한 단어나 구, 절, 또는 문장을 받을 수가 있다.

He says *he did it himself*, but I don't believe that.

(그는 자신이 직접 그것을 했다고 말하지만 나는 그것을 믿을 수 없다.)

※ that이 앞의 he did it himself를 받음

(2) 명사의 반복을 피하기 위한 that(those)

that은 앞에서 나왔던 명사의 반복 사용을 피하기 위한 대명사로 쓰인다.

The climate of this country is milder than that(→ climate) of France.

(이 나라의 기후는 프랑스 보다 온화하다.)

The ears of a rabbit are larger than those(→ ears) of a cat.

(토끼의 귀는 고양이 보다 크다.)

Check It Out!

주의해야 할 지시대명사 표현

① This is, These are, Those are는 줄여 쓰지 않는다. That is만 That's로 줄여 쓴다.

② 시간을 나타내는 명사 앞에 쓰인 this나 these는 현재를, that이나 those는 과거를 나타낸다.

this morning (오늘 아침) / that morning (그날 아침) / these days (요즈음) / in those days (그 당시에)

Check-up

1 ~ 5

괄호 안에서 알맞은 말을 고르시오.

1. What kind of fruit is (this, these)?

2. Look at (that, those) birds. They're singing.

3. (This, These) doughnuts look good.

4. What (is, are) those people doing under the tree?

5. That (is, are) very expensive.

＊전문 해석＊
1. 이것은 어떤 종류의 과일입니까?
2. 저 새들을 보아라. 그 새들은 노래하고 있다.
3. 이 도넛들은 맛있게 보인다.
4. 저 사람들은 나무 밑에서 무엇을 하고 있습니까?
5. 저것은 매우 비싸다.

✻문제 해결✻ 1~5. 지시대명사 this(that)는 단수 개념일 때 사용하고, 복수 개념일 때는 these(those)를 쓴다.

✻어휘 해결✻ **fruit** 과일 / **expensive** 값비싼

정답 1. this 2. those 3. These 4. are 5. is

6~10

[보기]를 참고하여 빈칸을 채우시오.

| 보기 | This book is big → These books are big.

6. This is my new friend. → _____

7. Is that banana ripe? → _____

8. Who is that woman? → _____

9. This is the new drawing. → _____

10. That is a leaf. → _____

✻전문 해석✻ [보기] 이 책은 크다. → 이 책들은 크다.
6. 이 사람은 나의 새로운 친구이다.
7. 저 바나나는 익었니?
8. 저 여자는 누구입니까?
9. 이것은 새로운 그림이다.
10. 저것은 낙엽이다.

✻문제 해결✻ 6~10. 지시대명사 this(that)는 단수 개념일 때 사용하고, 복수 개념일 때는 these(those)를 쓴다.

✻어휘 해결✻ **ripe** 익은 / **drawing** 그림

정답 6. These are my new friends. 7. Are those bananas ripe? 8. Who are those women?
9. These are the new drawings. 10. Those are leaves.

Case 17 – 재귀대명사

비법 전수

재귀대명사의 용법에는 '재귀용법과 강조용법'이 있다. 암기할 때는 **'재귀(재귀대명사)야! 재대(재귀용법)로 강조(강조용법)해 봐라!'** 라고 외운다: 재귀야! 재대로 강조해 봐라!

◆ 재귀대명사 출제 족보

▶ 재귀대명사의 용법

① **재귀용법**: 주어의 동작이 주어 자신에게 돌아가는 경우

② **강조용법**: '자신이, 직접'의 뜻으로 주어, 목적어, 보어의 의미를 강조하는 경우

재귀대명사는 [인칭대명사의 소유격(목적격) + -self(selves)]의 형태로 '~ 자신'의 뜻이다. 재귀대명사의 용법에는 주어의 동작이 주어 자신에게 돌아가는 재귀용법과 '자신이, 직접'의 뜻으로 주어, 목적어, 보어의 의미를 강조하는 강조용법이 있다.

(1) 재귀대명사의 용법

① 재귀용법: 주어의 동작이 주어 자신에게 돌아가는 경우

She killed herself. (그녀는 자살했다.)

Jimmy was proud of himself. (Jimmy는 자신을 자랑스럽게 여겼다.)

② 강조용법: '자신이, 직접'의 뜻으로 주어, 목적어, 보어의 의미를 강조하는 경우로, 생략 가능

He made pizza himself. (=He himself made pizza.) (그는 자신이 피자를 만들었다.)

(2) 재귀대명사의 관용 표현

① by oneself: 홀로

She lives all by herself. (그녀는 홀로 산다.)

② for oneself: 혼자 힘으로, 스스로

I like to do everything for myself. (나는 스스로 모든 일을 하는 것을 좋아한다.)

③ of itself: 저절로

④ in itself: 본래

⑤ help oneself to: (음식을) 마음껏 들다

⑥ beside oneself: 미친, 정신 나간

Check It Out!

재귀용법으로 쓰이는 관용구문

① absent oneself from: ~에 결석하다

② avail oneself of: 이용하다

③ lose oneself: 길을 잃다

④ apply oneself to: ~에 몰두하다

⑤ enjoy oneself: 즐기다

Check-up

1~5

괄호 안에서 알맞은 말을 고르시오.

1. You have to love (you, yourself).

2. I'm not angry with you. I'm angry with (me, myself).

3. When people are alone, they often talk to (ourselves, themselves).

4. I want to talk to the girl (her, herself), not her sister.

5. What I like best is traveling, but I like to go (by, of) myself.

＊전문 해석＊ 1. 너는 너 자신을 사랑해야 한다.

2. 난 너에게 화가 난 것이 아니다. 나 자신에게 화가 났다.

3. 사람들은 혼자일 때 종종 혼잣말을 한다.

4. 나는 그녀의 언니가 아니라, 그녀에게 직접 이야기하고 싶다.

5. 내가 가장 좋아하는 것은 여행인데, 혼자 가길 좋아한다.

＊문제 해결＊ 1. love라는 타동사의 목적어로 문장 주어가 반복되어야 하므로 재귀대명사의 재귀용법인 yourself가 옳다.

2. 주어 I의 목적어로 '나 자신'을 뜻하는 말은 myself이다.

3. 주어가 they이므로 '그들 자신'은 themselves이다.

4. 목적어 the girl을 강조하는 강조용법이다.

5. 내용상 '혼자, 홀로'의 의미가 되어야 하므로 by oneself가 알맞다.

＊어휘 해결＊ **alone** 혼자, 혼자서

정답 1. **yourself** 2. **myself** 3. **themselves** 4. **herself** 5. **by**

---

6 ~ 7

두 사람의 대화가 자연스럽도록 빈칸에 알맞은 말을 쓰시오.

6. A: Who helped Jack make the robot?

B: Jack did it for _____.

7. A: Did you have a good time at the party?

B: Sure. I really enjoyed _____.

＊전문 해석＊ 6. A: 누가 Jack이 로봇을 만드는 것을 도왔니?

B: 그가 혼자서 했어.

7. A: 파티에서 즐거웠니?

B: 네. 정말 즐거웠어요.

＊문제 해결＊ 6. '스스로, 혼자 힘으로'는 for oneself이다.

7. enjoy oneself는 '즐기다'는 뜻이다.

✽ 어휘 해결 ✽ **have a good time** 즐거운 시간을 보내다 / **enjoy oneself** 즐기다

정답 6. himself 7. myself

8 ~ 9 ● ● ●

우리말과 같은 뜻이 되도록 빈칸에 알맞은 말을 쓰시오.

8. 케이크를 마음껏 드세요.

→ Help _____ to the cake.

9. 나는 혼자 휴가를 갔다.

→ I went on vacation by _____.

✽ 문제 해결 ✽ 8. help oneself to는 '(음식을) 마음껏 들다' 는 뜻이다.
9. '혼자, 홀로' 의 의미는 by oneself이다.

✽ 어휘 해결 ✽ **vacation** 휴가

정답 8. yourself 9. myself

비법 전수

부정대명사 some은 '긍정문'에, any는 '부정문, 의문문, 조건문'에 사용한다. 암기할 때는 **'소맥(some)은 긍정, '아무(any) 술이나 부어줘(부정문, 의문문, 조건문)!'는 안 된다!'** 라고 외운다: 소맥은 긍정, '아무 술이나 부어줘!'는 안 된다!

◆ 부정대명사 출제 족보

① some/any: some은 긍정문, any는 의문문, 부정문, 조건문에 사용

② every/each: 단수 취급

정해지지 않은 불특정한 대상을 가리키는 것을 부정대명사라고 한다. some은 긍정문, any는 의문문, 부정문, 조건문에 사용한다. every와 each는 단수 취급한다.

(1) one

앞에 나온 명사의 반복을 피하기 위해 쓰는데, 똑같은 사물이 아니라 '같은 종류'를 나타낸다. 단수명사는 one으로 대신하고, 복수명사는 ones를 대신한다.

I've lost my *cap*. I have to buy one. (나는 내 모자를 잃어버렸다. 나는 새 것을 사야 한다.)

Give me two red *roses* and three white ones. (빨간 장미 두 송이와 하얀 것 세 송이 주세요.)

(2) some, any: 약간(의), 몇몇(의)

some (긍정문)	Some of them were late. (그들 중 일부는 늦었다.)
	There are some books in the bag. (가방 안에 약간의 책이 있다.)
any (부정문, 의문문, 조건문)	They haven't got any children. [부정문] (그들에게는 자녀가 없다.)
	Do you want any of these shirts? [의문문] (이 셔츠들 중 원하는 것이 있습니까?)
	If you have any money, please lend me some. [조건문] (돈이 있다면 좀 빌려주세요.)

※ 상대에게 권유하거나 긍정의 답을 기대할 때는 의문문에도 some을 쓴다.

Will you have some coffee? [권유] (커피 좀 드시겠습니까?)

※ any가 긍정문에 쓰이면 '어떤 ~라도'의 뜻이 된다.

(3) all, both, none, every, each

all	셋 이상의 모든 것이나, 모든 사람을 뜻하며 all이 사람을 나타내면 복수, 사물을 나타내면 단수가 된다. **All** of the students *were* excited at the soccer game. (모든 학생들은 그 축구 경기에 흥분했다.) **All** *is* over. (모든 것이 끝났다.)
both	'둘 다'의 뜻으로 항상 복수 취급. [both A and B(A와 B 둘 다)]의 형태로 잘 쓰인다. **Both** of the boys *are* my sons. (그 아이들 둘 다 나의 아들이다.) She was **both** blind and deaf. (그녀는 맹인이면서 동시에 귀머거리였다.)
none	'아무도(아무것도) ~ 않다'의 의미. 대명사. 셋 이상을 부정할 때 쓴다. **None** of them were present. (그들 중 아무도 참석하지 않았다.)
every	[every + 단수명사]로 쓰이며 단수 취급. '모든 ~'의 의미. **Every** *student* in the class passed the exam. (그 반의 모든 학생들이 시험에 합격했다.) **Every** country *has* a national flag. (모든 국가는 국기를 가지고 있다.)
each	[each + 단수명사]로 쓰이며 대명사로도 쓰이고, 형용사로도 쓰임. 단수 취급. '각각의, 개개의'의 의미 **Each** *has his* own habit. (개개인에게는 모두 각자의 버릇이 있다.)

none과 no one의 용법 차이

① none

    – 사물을 나타내는 경우: 수는 복수, 양은 단수 취급

    – 사람을 나타내는 경우: 복수 취급

You have money and I have none. (너는 돈이 있는데 나는 한 푼도 없다.) → none은 not any(양)의 의미로 단수 취급

None but the brave *deserve* the fair. (용기 있는 자들만이 미인을 얻을 수 있다.)

② no one: 사람에게만 쓰이며 단수 취급

No one *knows* where he lives. (그가 어디에 사는지 아무도 모른다.)

Check-up

1 ~ 5

다음 (　) 안에서 알맞은 것을 고르시오.

1. I lost my umbrella. I have to buy (one, it).

2. The baby didn't have (some, any) milk.

3. I bought (some, any) cheese. but I didn't buy (some, any) bread.

4. (Both, Each) of them have a talent for music.

5. All the money (was, were) used for books.

＊전문 해석＊
1. 나는 우산을 잃어버렸다. 나는 우산을 사야 한다.
2. 그 아이는 어떤 우유도 먹지 않았다.
3. 나는 치즈를 조금 샀지만, 빵은 사지 않았다.

4. 그들 둘은 음악에 대한 재능을 가지고 있다.

5. 책을 사기 위해 모든 돈을 사용했다.

✳문제 해결✳ 1. one은 앞에 나온 명사의 반복을 피하기 위해 쓰는데, 똑같은 사물이 아니라 '같은 종류'를 나타낸다.

2, 3. '약간(의)'의 뜻을 가진 단어는 some, any이지만, some은 '긍정문'에 any는 '부정문, 의문문, 조건문'에 쓴다.

4. Both는 복수, Each는 단수이다. 문장의 동사가 have(복수)이므로 Both가 올바르다.

5. all이 사람을 나타내면 복수, 사물을 나타내면 단수가 된다.

✳어휘 해결✳ **umbrella** 우산 / **talent** 재능

정답 1. one 2. any 3. some, any 4. Both 5. was

6 ~ 10 ● ● ●

빈칸에 들어갈 알맞은 말을 [보기]에서 고르시오.

| 보기 | one   some   any   each   all   both

6. I need some stamps. Do you have _____?

7. I don't have a pen. Can I borrow _____.

8. _____ of the girls has a blue pen.

9. _____ my parents are teachers.

10. Would you like _____ coffee?

✳전문 해석✳ 6. 나는 우표가 필요합니다. 우표 있습니까?

7. 나는 펜이 없습니다. 제가 빌릴 수 있을까요?

8. 각각의 소녀들은 푸른색 펜을 가지고 있다.

9. 나의 부모님은 선생님이시다.

10. 커피 좀 드시겠습니까?

✱문제 해결✱ 6. '약간(의)'의 뜻을 가진 단어는 some, any이지만, some은 '긍정문'에 any는 '부정문, 의문문, 조건문'에 쓴다.

7. one은 앞에 나온 명사의 반복을 피하기 위해 쓰는데, 똑같은 사물이 아니라 '같은 종류'를 나타낸다.

8. 동사가 단수(has)이므로 Each가 정답이다.

9. '둘 다, 양쪽의' 뜻으로 사용하는 것은 Both이다.

10. 권유나 간청의 의미로 긍정문에 쓰이는 것은 some이다.

✱어휘 해결✱ **parent** 부모(아버지 또는 어머니)

정답 6. **any** 7. **one** 8. **Each** 9. **Both** 10. **some**

주의해야 할 복수형 명사 변화 잠깐! Check

단 수	복 수	뜻
fungus	funguses / fungi	진균류, 버섯
goose	geese	거위, 기러기
grouse	grouse / grouses	뇌조, 꿩
half	halves	절반
hypothesis	hypotheses	가설, 가정
knife	knives	칼
larva	larvae	애벌레, 유충
leaf	leaves	나뭇잎
life	lives	생명, 일생
loaf	loaves	빵 한 덩어리
louse	lice	이, 기생충
mackerel	mackerel / mackerels	고등어

01 [보기]의 밑줄 친 it과 같은 용법으로 쓰인 것은?

| 보기 | How dark <u>it</u> is!

① This is my watch; it's a swiss one.
② It is past midnight.
③ It is no use trying to do that.
④ It is the red book that I want.
⑤ I think it necessary that you do it at once.

[2~5] 괄호 안에서 알맞은 것을 고르시오.

02 (Every, Each) of the students has lunch at noon.

03 I want some oranges. Give me these big (one, ones).

04 Would you like (some, any) coffee or tea?

05 Does he have a watch? / Yes, he has a new (one, it).

06 밑줄 친 (A), (B) 대신에 쓸 수 있는 것이 바르게 짝지어진 것은?

Why doesn't sea water make fish thirsty? It's not to find out how much water fish drink; but (A)every living thing needs water. We do not find that the muscles of a fish contain more salts than (B)the muscles of other animals.

	(A)	(B)
①	all living things need	this
②	all living things needs	these
③	most living things needs	that
④	all living things need	those
⑤	each living things need	those

07 밑줄 친 부분 중 어법이 잘못된 것끼리 짝지은 것은?

Bryce was the best baseball player until his tragic accident. While playing with a BB gun one day, Bryce accidentally shot (A)him in the eye. (B)Feared that surgery might permanently impair his vision, the doctors left the BB in his eye. Months later, when he returned to baseball, he began (C)striking out each time at bat. He could no longer judge the ball. He was convinced that he would never be able to do (D)anything again. One day he decided (E)to give climbing a try because he lived near a mountain. Then he realized that he had a knack for it.

*knack 솜씨

① (A), (B)　　　　② (A), (E)
③ (B), (D)　　　　④ (C), (D)
⑤ (C), (E)

First Step 명사 관련 필수 문법요소

04 형용사

Case 19~22

First Step

4. 형용사

Case 19 – 형용사의 용법

비법 전수

형용사는 한정적 용법과 서술적 용법으로 쓰이는데 **한정적 용법**일 때는 **수식어**로, **서술적 용법**은 **보어**로 쓰인다. 암기할 때는 첫 글자를 조합해서 **'한수 써보오!'**로 외우면 된다: **한수 써보오!**

◆ 형용사의 용법 출제 족보

① 한정적 용법으로만 쓰이는 형용사: elder, main, only, golden, woolen 등
② 서술적 용법으로만 쓰이는 형용사: afraid, alike, awake, alone, alive, ashamed 등

형용사는 사람이나 사물의 상태, 성질, 수량 등을 나타내는 말로 문장 내에서 명사나 대명사를 꾸며주는 한정적 용법과 보어로서 사용되는 서술적 용법이 있다. 대부분의 형용사들은 두 용법으로 사용이 가능하지만, 한정적 용법이나 서술적 용법 한 가지만 가능한 형용사도 있다.

〈형용사의 용법〉

(1) 한정적 용법: 명사나 대명사의 앞이나 뒤에서 명사나 대명사를 직접 수식

He is a wise *man*. (그는 현명한 사람이다.)

I want *something* hot to drink. (나는 마실 수 있는 따뜻한 음료를 원한다.)

→ 한정적 용법으로만 쓰이는 형용사: elder, main, only, golden, woolen 등

(2) 서술적 용법: 주어나 목적어의 상태를 설명(주격 보어, 목적격 보어)

She is afraid of dogs. (그녀는 개들을 무서워한다.)

I think him clever. (나는 그를 영리하다고 생각한다.)

→ 서술적 용법으로만 쓰이는 형용사: afraid, alike, awake, alone, alive, ashamed 등

Check It Out!

용법에 따라 의미가 달라지는 형용사

〈서술적 용법〉

• It is right. (그것은 옳다.)

• It is certain. (그것은 확실하다.)

• He is ill. (그는 아프다.)

〈한정적 용법〉

• my right hand (나의 오른손)

• a certain man (어떤 사람)

• the ill news (나쁜 소식)

Check-up

1~3 ● ● ●

주어진 두 문장을 한 문장으로 고쳐 쓰시오.

1. It is milk. It's very hot.

   → _____

2. Nancy is a doctor. She is very thoughtful.

   → _____

3. This is a dictionary. It is very useful.

   → _____

4 ~ 9 ● ●

괄호 안에서 알맞은 말을 고르시오.

4. The math questions were (easy, easily).

5. Your idea sounds (strange, strangely).

6. Don't wake up the (asleep, sleeping) baby.

7. Take a look at the (alive, living) animal.

8. Have a (good, well) day!

9. What happened? You look so (sad, sadly).

4. be동사의 보어로 쓰인 서술적 용법의 형용사를 찾는다.

5. sound는 보어로 형용사를 취하여 '～하게 들리다' 는 뜻을 나타낸다.

6. asleep은 서술적으로만 쓰이는 형용사이다. baby를 수식하는 형용사가 필요하다.

7. alive는 서술적으로만 쓰이는 형용사이다. animal을 수식하는 형용사 living이 올바르다.

8. day를 수식하는 형용사가 필요하다.

9. look의 보어가 필요하다.

＊어휘 해결＊ **wake up** 깨우다 / **take a look at** ～을 보다 / **sad** 슬픈

정답 4. **easy** 5. **strange** 6. **sleeping** 7. **living** 8. **good** 9. **sad**

주의해야 할 복수형 명사 변화

단 수	복 수	뜻
man	men	인간, 남자
medium	media	매개체, 수단
memorandum	memoranda	비망록, 메모
mouse	mice	쥐
neurosis	neuroses	신경증, 노이로제
oasis	oases	오아시스
offspring	offspring / offsprings	자손, 자식
ox	oxen	황소
parenthesis	parentheses	괄호
penny	pence(가격) / pennies(개수)	1페니

Case 20 – 수량 형용사

수를 나타내는 형용사는 many/few, 양을 나타내는 형용사로는 much/little이 대표적이다. 암기할 때는 '수 만표(수–many, few)! 양무리(양–much, little)!'라고 구호처럼 외운다: **수만표! 양무리!**

◆ 수량 형용사 출제 족보

① many/(a) few + 복수 개념 [수 표시]

② much/(a) little + 단수 개념 [양 표시]

수량 형용사는 막연한 수나 양의 정도를 나타내는 말이고, 수를 나타내는 형용사는 many/few, 양을 나타내는 형용사로는 much/little이 대표적이다. a lot of와 lots of는 수와 양에 모두 사용된다.

〈수량 형용사〉

	셀 수 있는 명사	셀 수 없는 명사	모든 명사
조금 있는(긍정)	a few	a little	–
거의 없는(부정)	few	little	–
많은	many	much	a lot of(lots of)

(1) John has many *books*. (John은 많은 책을 가지고 있다.)

(2) I don't have much *money*. (나는 많은 돈이 없다.)

(3) A few *students* were present today. (몇몇 학생들은 오늘 출석했다.)

(4) I have few *friends*. I'm lonely. (나는 친구가 거의 없다. 나는 외롭다.)

(5) The worker has little *experience*. (그 일꾼은 경험이 없다.)

(6) Lots of *people* all over the world learn English. (전 세계의 많은 사람들이 영어를 배운다.)

many a + 단수명사/many + 복수명사

둘 다 복수의 의미이지만 [many a + 단수명사]는 단수 취급을 하고, [many + 복수명사]는 복수 취급을 한다. 또 전자는 문어적 표현인데 반해 후자는 구어적 표현이다.

Many a house *was* washed away by the flood. (많은 집들이 홍수로 인하여 씻겨 내려갔다.)

= Many houses *were* washed away by the flood.

Check-up

1 ~ 5

괄호 안에서 알맞은 말을 고르시오.

1. How (much, many) days are there in a week?

2. There (is, are) much water in the bottle.

3. I can't go out. I have too (much, many) work.

4. Give the roses (a little, a few) water every day.

5. Her ideas are very difficult, and (few, little) people understand them.

＊전문 해석＊
1. 일주일은 며칠입니까?
2. 병에는 많은 물이 없다.
3. 나는 외출할 수 없다. 나는 아주 많은 일이 있다.
4. 매일 장미에 물을 조금씩 주어라.
5. 그녀의 생각은 너무 어려워서 이해하는 사람이 별로 없다.

＊문제 해결＊
1. 명사 days가 복수형이므로 수를 나타내는 many가 정답이다.
2. [there + 동사 + 주어]에서 주어가 양을 나타내는 단수 much water이므로 동사도 단수로 일치시킨다.

3. 명사 work가 단수형이므로 양을 나타내는 much가 정답이다.
4. 명사 water를 수식할 수 있는 것은 양을 나타내는 a little이다.
5. people(복수명사)을 수식할 수 있는 것은 수를 나타내는 few이다.

＊어휘 해결＊　　**bottle** 병

정답　1. many　2. is　3. much　4. a little　5. few

---

6 ~ 10 ● ● ●

우리말과 같은 뜻이 되도록 빈칸에 알맞은 말을 [보기]에서 골라 쓰시오.

| 보기 |　few　　a few　　little　　a little　　many　　much

6. 그가 회복할 희망은 거의 없다.

→ There is _____ hope of his recovery.

7. 그 방에는 가구가 많지 않다.

→ There isn't _____ furniture in the room.

8. 서두르지 마. 우리는 약간의 시간이 있어.

→ Don't hurry! We've got _____ time.

9. 그 사고로 부상당한 승객은 거의 없다.

→ _____ passengers were injured in the accident.

10. 많은 학생들이 소풍을 갔다.

→ _____ students went on a picnic.

6. hope는 셀 수 없는 명사이다.

7. furniture는 셀 수 없는 명사이므로 much가 수식해야 하고 단수 취급한다.

8. time은 셀 수 없는 명사이고 문맥상 긍정의 a little이 와야 자연스럽다.

9. passengers는 셀 수 있는 명사이고 문맥상 '거의 없는'의 부정적 의미이므로 few를 쓴다.

10. students는 셀 수 있는 명사이고 '많은'의 의미이므로 many를 쓴다.

∗어휘 해결∗ **recovery** 회복 / **furniture** 가구 / **passenger** 승객 / **go on a picnic** 소풍가다

정답 6. **little** 7. **much** 8. **a little** 9. **Few** 10. **Many**

주의해야 할 복수형 명사 변화

단 수	복 수	뜻
phenomenon	phenomena	현상, 사건
roof	roofs	지붕
salmon	salmon / salmons	연어
scarf	scarves / scarfs	스카프, 목도리
self	selves	자기
series	series	연속, 시리즈
sheep	sheep	양
shelf	shelves	선반
species	species	종, 종류
stimulus	stimuli	자극
stratum	strata	지층
thesis	theses	논제, 논문
thief	thieves	도둑
tooth	teeth	이, 치아
trout	trout / trouts	송어
vertebra	vertebrae / vertebras	척추
wolf	wolves	늑대, 이리
woman	women	여자

분수 $3\frac{2}{3}$를 영어로 읽을 때에는 앞부분의 3을 먼저 기수(three)로 읽고 and를 읽은 후에 분자 2를 기수로, 마지막으로 분모 3을 서수로 읽는다. 암기할 때에는 **'분수야! 거(기수)기(기수) 서(서수)!'** 라고 외운다: 분수야! 거기서!

◆ 수사 출제 족보

① dozen, score, hundred, thousand, million + 명사 → 수사는 단수로

② dozens, scores, hundreds, thousands, millions + of + 복수명사 → 수사는 복수로

③ **분수 읽는 법**: 대분수의 앞부분을 먼저 기수로 읽고 그 다음 분자를 기수로, 마지막으로 분모를 서수로

개수와 관련된 단어들을 수사라고 한다. 수사에는 크게 기수와 서수가 있다. 중요한 수사 표현은 정리해서 암기해 두어야 한다. 수사가 형용사로 쓰일 때는 단수, 명사로 쓰일 때는 복수로 써야 한다.

(1) dozen, score, hundred, thousand, million의 용법

형용사로 쓰여 다른 명사를 수식하는 용법으로 쓰일 때는 복수 표시(-s)를 하지 않지만, 명사로 쓰일 때는 복수 표시(-s)를 해야 한다.

① *two* dozen bottles of beer (두 다스의 맥주병)

② seven thousand *nine* hundred (칠천 구백)

③ I've been there hundreds *of* times. (나는 그 곳에 수백 번 갔었다.)

④ Hundreds *of* thousands *of* people attended the political rally. (수십 만 명의 사람들이 정치 집회에 참석했다.)

(2) 여러 가지 수 읽기

① 분수 읽기: 대분수의 앞부분을 기수로 읽고 and를 덧붙여 읽은 후 분자를 기수로, 마지막으로 분모를 서수로 읽는다. 분자가 2 이상 복수이면 분모에 -s를 붙인다.

$3\frac{2}{3}$ → three and two-thirds, $\frac{4}{5}$ → four-fifths

② 월일, 시각

　　10월 3일 → the third of October, October (the) third

　　9시 45분 → nine forty-five, a quarter to ten

③ 연도: 일반적으로 두 자리씩 끊어 읽는다.

　　1997 → nineteen ninety-seven

　　2009 → two thousand (and) nine

④ 전화번호: 숫자를 하나씩 읽고 국번 다음에는 comma를 찍는다.

　　311-9596 → three one one, nine five nine six

Check It Out!

분수 주어가 양을 나타낼 때에는 단수 취급, 수를 나타낼 때에는 복수 취급을 한다.

① Three-fourths of *the earth's surface* is water. (지구 표면의 4분의 3은 물이다. → 단수 취급)

② Three-fourths of *the students* were caught cold. (학생들의 4분의 3은 감기에 걸려 있었다. → 복수 취급)

1~5

틀린 부분을 찾아 바르게 고쳐 쓰시오.

1. There are two hundreds people in the hall.

2. Thousand of people were killed in the disaster.

3. Five-sixth of the apples are rotten.

4. We have hundred of records in stock.

5. The event occurred exactly four scores and five years ago.

＊전문 해석＊
1. 홀에 200명의 사람들이 있다.
2. 그 재난으로 인해 수천 명이 죽었다.
3. 사과의 6분의 5가 썩었다.
4. 우리 가게에는 수백 장의 레코드 재고가 있다.
5. 그 사건은 정확히 85년 전에 발생했다.

＊문제 해결＊
1, 5. hundred, score가 형용사로 쓰여 명사를 수식할 때에는 단수로 쓴다.
2, 4. thousand, hundred가 명사로 사용될 경우에는 복수로 사용된다.
3. 분수를 읽을 때 분자가 2 이상 복수일 때에는 분모에 −s를 붙인다.

＊어휘 해결＊ **disaster** 재난, 역경 / **rotten** 썩은 / **have ~ in stock** ～의 재고가 있다 / **occur** 발생하다, 일어나다 / **score** 20개 한 벌

정답 1. hundreds → hundred 2. Thousand → Thousands 3. Five-sixth → Five-sixths 4. hundred → hundreds 5. scores → score

다음을 영어로 쓰시오.

6. 1876년   → _____

7. 2/7   → _____

8. 478-5952(전화번호) → _____

9. 8시 45분   → _____

10. 8월 20일   → _____

∗문제 해결∗ 6. 연도는 일반적으로 두 자리씩 끊어 읽는다.

7. 대분수의 앞부분을 기수로 읽고 and를 덧붙여 읽은 후 분자를 기수로, 마지막으로 분모를 서수로 읽는다. 분자가 2 이상 복수이면 분모에 -s를 붙인다.

8. 전화번호는 숫자를 하나씩 읽고 국번 다음에는 comma를 찍는다.

9. 시간은 [분 + to(past) + 시간]이나 [시간 + 분]으로 읽는다.

10. 날짜는 서수로 읽기도 하고 기수로 읽기도 한다.

 6. eighteen seventy-six 7. two-sevenths 8. four seven eight, five nine five two 9. eight forty-five 또는 a quarter to nine 10. August twenty 또는 August the twentieth 또는 the twentieth of August

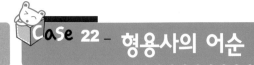

Case 22 – 형용사의 어순

비법 전수

형용사 2개 이상이 명사를 수식할 때의 어순은 '**지시, 수량, 대소, 성상, 신구, 재료＋명사**'의 순서로 써야 한다. 암기할 때는 첫 글자를 조합해서 '**지수대성 신재명**'이라고 외운다: 지수대성 신재명!

◆ **형용사의 어순 출제 족보**

  ▶ **형용사의 어순**: 지시, 수량, 대소, 성상, 신구, 재료의 형용사

  ▶ **형용사의 후위 수식**: –thing/–body ＋ 형용사

형용사는 일반적으로 명사 앞에 쓰여 명사를 수식한다. 형용사 2개 이상이 명사를 수식할 때에는 [지시, 수량, 대소, 성상, 신구, 재료의 형용사 ＋ 명사]의 순서로 써야 한다. 형용사가 후위에서 명사를 수식하는 경우는 예외적으로 암기해야 한다.

(1) 형용사의 어순

※ **성상 형용사란** 모양과 상태 및 성질을 나타내는 형용사로, 대부분의 형용사가 이에 해당한다. 성상의 형용사가 2개 이상일 경우에는 길이가 짧은 것부터 쓴다.

① These many beautiful *roses* were grown by my wife.

  (이 많은 아름다운 장미를 내 아내가 재배했다.)

② I don't like those two conservative *women* teachers.

  (저 두 분의 보수적인 여선생님들은 내 마음에 들지 않는다.)

(2) 형용사의 후위수식

① -thing/-body + 형용사

Did I say *anything* wrong? (제가 틀린 말 했습니까?)

There is *nothing* new under the sun. (하늘 아래 새로운 것은 없다.)

② 두 개 이상의 형용사가 겹칠 때

My wife is a *lady* sweet, simple, and home loving.

(나의 아내는 정감 있고, 소박하며 가정을 사랑하는 그런 여인이다.)

You should choose a *book* both interesting and instructive.

(여러분은 재미있고, 유익한 책을 선택해야만 한다.)

Check It Out!

2개 이상의 성질 형용사의 어순

① 2개 이상의 성질 형용사가 함께 나오면 주관적인 형용사를 먼저 쓴다.

a lovely sunny day (화창한 멋진 하루)

② 2개 이상의 성질 형용사는 보통 and, but, comma로 연결하는데, 두 성질 형용사가 주관성/객관성의 관계가 아닌 경우 음절의 수가 적은 형용사부터 먼저 쓴다.

a rich but unhappy person. (부유하지만 불행한 사람)

an easy and interesting novel (쉽고 재미있는 소설)

1~5

괄호 안에서 알맞은 말을 고르시오.

1. Give me (hot something / something hot) to drink.

2. The (first three / three first) problems were very difficult.

3. Look at (those two big old wooden / those big two wooden old) boxes.

4. (A tall, cheerful and attractive girl / A girl tall, cheerful and attractive) came in.

5. I found (nothing interesting / interesting nothing) in the book.

＊전문 해석＊
1. 나에게 따뜻한 마실 것 좀 주세요.
2. 처음 세 문제는 매우 어려웠다.
3. 저 두 개의 크고 오래된 나무 상자들을 보아라.
4. 키가 크고, 쾌활해 보이며, 매력적인 어떤 소녀가 들어왔다.
5. 나는 그 책에서 재미있는 것을 찾지 못했다.

＊문제 해결＊
1. –thing/–body로 끝나는 부정대명사는 형용사가 뒤에서 수식한다.
2. 서수와 기수가 같이 사용될 때에는 서수를 먼저 쓰고 기수를 나중에 쓴다.
3. 형용사 2개 이상이 명사를 수식할 때에는 [지시, 수량, 대소, 성상, 신구, 재료의 형용사＋명사]로 써야 한다.
4. 두 개 이상의 형용사가 겹칠 때 후위 수식한다.
5. –thing/–body로 끝나는 부정대명사는 형용사가 뒤에서 수식한다.

＊어휘 해결＊ **cheerful** 쾌활한 / **attractive** 매력적인

 정답 1. **something hot** 2. **first three** 3. **those two big old wooden** 4. **A girl tall, cheerful and attractive** 5. **nothing interesting**

6 ~ 10 ● ● ●

괄호 안의 단어를 올바른 순서로 배열하시오.

6. There is (with, wrong, this, something, report).

7. Who gave you (beautiful, this, rose, red)?

8. She has (two, daughters, pretty).

9. There are (big, three, blue) apples.

10. Look at that (brick, grey, high) wall.

✱전문 해석✱
6. 이 보고서에는 뭔가 잘못된 점이 있다.
7. 누가 이 아름다운 빨간 장미를 너에게 주었니?
8. 그녀는 예쁜 딸이 두 명 있다.
9. 세 개의 커다란 빨간 사과가 있다.
10. 저 높고 회색인 벽돌 벽을 보아라.

✱문제 해결✱
6. –thing/–body로 끝나는 부정대명사는 형용사가 뒤에서 수식한다.
7~10. 형용사 2개 이상이 명사를 수식할 때에는 [지시, 수량, 대소, 성상, 신구, 재료의 형용사＋명사]로 써야 한다.

✱어휘 해결✱ **brick** 벽돌, 벽돌로 만든

정답 6. something wrong with this report 7. this beautiful red rose 8. two pretty daughters
9. three big blue 10. high grey brick

01 빈칸에 알맞은 것을 고르시오.

> I want _____ to eat.

① cold something　　② some cold

③ cold some　　④ cold a thing

⑤ something cold

02 밑줄 친 부분의 쓰임이 올바른 것은?

① She has <u>many money</u>.

② We had <u>little friends</u>.

③ They saw <u>a little thing</u> there.

④ There was <u>a little juice</u> in the glass.

⑤ There isn't <u>many bread</u> in the basket.

03 다음 밑줄 친 형용사의 쓰임이 나머지와 <u>다른</u> 하나는?

① Those are <u>wonderful</u> cars.

② She is a <u>wonderful</u> woman.

③ He gave me a <u>wonderful</u> cap.

④ The scene was <u>wonderful</u>.

⑤ Tom has a <u>wonderful</u> pet.

04 빈칸에 알맞지 <u>않은</u> 것을 고르시오.

> My friend looks _____.

① wise　　② gentle

③ kind　　④ happily

⑤ lovely

05 밑줄 친 부분 중 어법상 잘못된 곳은?

There is ①sad something about animals in the ②zoo. They never really look ③happy. Maybe they ④are thinking about their real home. Maybe they do not like people ⑤looking at them all the time.

06 밑줄 친 (A), (B), (C)에서 어법에 맞는 표현을 골라 짝지은 것으로 가장 적절한 것을 고르시오.

A study has been completed to find out how much people think about their future. The study shows more than half (A)think/thinks about their future frequently. About (B)two-fifth/two-fifths responded they think about it all the time. Especially teens, (C)who/whose future remains uncertain, said they were even sleeping on it.

	(A)	(B)	(C)
①	think	two-fifth	whose
②	think	two-fifths	who
③	think	two-fifths	whose
④	thinks	two-fifths	who
⑤	thinks	two-fifth	who

[7~9] 다음 글을 읽고, 물음에 답하시오.

Have you ever wondered why blue jeans are called Levi's? It all started during the California Gold Rush. ①In 1849, gold was found in California. The news got out and (A)(thousand) of people rushed to California, to find gold. ②In 1853, a man called Levi Strauss went to California, but he was not looking for gold. He went to start a shop. He thought the gold prospectors would need things for everyday life. Levi took pots, blankets, rope, and canvas for tents. But he realized what people really needed were workpants, so he began making pants out of canvas. ③People did not like them. Levi sold so many pants that he used up all his canvas. He started using denim instead. ④The workpants he made were strong. They had sturdy pockets to hold gold nuggets. The pants were popular and soon everybody wanted Levi's pants. People started calling them Levi's. ⑤In time, Levi's became another name for jeans.

07 위 글의 밑줄 친 (A)를 어법에 맞게 올바르게 바꾸시오.

08 위 글의 전체 흐름과 관계가 <u>없는</u> 문장은?

09 위 글의 주제로 가장 적절한 것은?

① California Gold Rush
② Lifestyles of the gold prospectors
③ How jeans came to be called Levi's
④ A history of California in the 1800s
⑤ Designing and making sturdy workpants

First Step 명사 관련 필수 문법요소

05 부사

Case 23~27

5. 부사

Case 23 – 부사의 기능

비법 전수

부사는 동사, 형용사, 다른 부사나 문장 전체를 수식한다. 암기할 때에는 **'부사는 동형(동사, 형용사), 다부 (다른 부사)는 문전(문장 전체) 수식이다!'** 라고 외치듯이 외운다: 부사는 동형 다부는 문전 수식이다!

◆ **부사의 기능 출제 족보**

▶ **부사의 기능:** 동사, 형용사, 다른 부사나 문장 전체를 수식한다.

부사는 동사, 형용사, 다른 부사를 수식하며 때때로 문장 전체를 수식하기도 하며, 그 동작이나 상태를 설명한다.

(1) **동사 수식:** 동사 뒤에서 수식한다.

He *works* hard. (그는 열심히 일한다.)

Still waters *run* deep. (잔잔한 강은 물이 깊다.)

(2) **형용사 수식:** 형용사 앞에서 수식한다.

It is very *cold* today. (오늘은 날씨가 매우 춥다.)

The boy is surprisingly *quick* at figures. (그 소년은 놀랄 만큼 계산에 뛰어나다.)

(3) **다른 부사 수식:** 다른 부사 앞에서 수식한다.

He ran very *fast*. (그는 매우 빨리 달렸다.)

You had better not scold your son too *severely*.

(당신은 아들을 너무 심하게 나무라지 않는 편이 좋겠습니다.)

(4) 문장 전체 수식

Certainly he told a lie. (확실하게 그는 거짓말을 했다.)

Fortunately she did not die. (운 좋게도 그녀는 죽지 않았다.)

Check It Out!

부사의 보어 역할

over, up, down, out, away, in, on, off 등이 위치나 상태를 나타내는 동사와 함께 쓰여 보어 역할을 하기도 한다.

① School is over at five. (학교는 5시에 끝난다.)

② I'm afraid our time is up. (유감스럽지만 시간이 다 되었다.)

③ The sun is down. (해가 졌다.)

Check-up

1 ~ 5

두 문장이 같은 뜻이 되도록 빈칸에 알맞은 말을 쓰시오.

1. He is a good swimmer. = He swims _____.

2. Ann is a fast learner. = Ann learns _____.

3. We're careful examiners. = We examine _____.

4. He's a slow worker. = He works _____.

5. She is a wonderful player. = She plays _____.

1. 그는 훌륭한 수영 선수이다. = 그는 수영을 잘 한다.

2. Ann은 빠른 학습자이다. = Ann은 빨리 배운다.

3. 우리는 주의 깊은 조사관이다. = 우리는 주의 깊게 조사한다.

4. 그는 느린 일꾼이다. = 그는 느리게 일한다.

5. 그녀는 훌륭한 선수이다. = 그녀는 훌륭하게 경기한다.

✱문제 해결✱ 1~5. 명사를 수식하는 형용사를 동사를 수식하는 부사로 바꾸는 문제이다.

✱어휘 해결✱ **careful** 주의 깊은 / **examine** 조사하다

정답 1. well 2. fast 3. carefully 4. slowly 5. wonderfully

---

6 ~ 10

우리말과 같은 뜻이 되도록 빈칸에 알맞은 말을 쓰시오.

6. 그것은 놀랄 만큼 쉬웠다.

  → It was _____ easy.

7. 그녀는 영어를 유창하게 말한다.

  → She speaks English _____.

8. 나는 지난밤에 늦게 집에 왔다.

  → I came home very _____ last night.

9. 아마도 그는 그 답을 알고 있을 것이다.

  → _____ he knows the answer.

10. 그는 아주 일찍 여기에 도착했다.

  → He arrived here very _____.

6. 형용사 easy를 수식하는 부사 surprisingly가 되어야 한다.

7. 동사 speaks를 수식하는 부사 fluently가 알맞다.

8. 동사 came을 수식하는 부사 late가 알맞다.

9. 문장 전체를 수식하는 부사 probably가 와야 한다.

10. 다른 부사 here를 수식하는 부사 early가 알맞다.

fluently 유창하게 / **probably** 아마도

정답 6. surprisingly 7. fluently 8. late 9. Probably 10. early

복수 형태를 한 명사들 잠깐! Check

단 어	뜻
arms	무기
arrears	연체금
belongings	재산, 소유물
binoculars	쌍안경
braces	(영) 바지 멜빵(미 suspenders)
briefs	짧은 팬티(underpants)
clothes	옷, 의복
congratulations	축하 메시지
contents	내용
costs	재판에서 진 사람이 지불하는 소송비용

Case 24 – 빈도부사의 위치

비법 전수

빈도부사는 be동사나 조동사 뒤, 일반동사 앞에 위치하는데, 암기할 때는 글자들을 조합하여 **'비조(be동사, 조동사) 뒤, 일(일반동사) 앞'** 이라고 단숨에 외우면 된다: ㅂㅣ조 뒤, 일 앞!

◆ 빈도부사의 위치 출제 족보

▶ **빈도부사의 위치:** be동사나 조동사 뒤, 일반동사 앞

※ **빈도부사:** sometimes, often, always, usually, never, seldom, hardly, almost 등

빈도를 나타내는 부사(sometimes, often, always, usually 등)와 부정을 나타내는 부사(never, seldom, hardly)는 be동사나 조동사 뒤, 일반동사 앞에 위치한다. 완료(have/has/had + 과거분사)에 사용된 have/has/had는 조동사 취급을 한다.

(1) He *is* often late for school. (그는 종종 학교에 늦는다.)

(2) She *will* never follow your advice. (그녀는 당신의 충고를 결코 따르지 않을 것이다.)

(3) I usually *study* in the library. (나는 종종 도서관에서 공부를 한다.)

(4) I always *got* up at six in my school days. (나는 학창시절에 언제나 6시에 일어났다.)

(5) We *have* often been there. (우린 그곳에 종종 다녀왔다.)

Check It Out!

주의해야 할 빈도부사의 위치

① 조동사가 2개 이상일 때: 첫 번째 조동사 뒤에 위치

She *will* seldom *have been loved* by them. (그녀는 그들에 의해 결코 사랑받지 못할 것이다.)

② 빈도부사 not과 never: 다른 빈도부사 앞에 위치

She will *not* always support him. (그녀는 그를 항상 지지하지 않을 것이다.)

③ 빈도부사는 준조동사(have to 등) 앞에 온다.

He often *has to* help his mother. (그는 가끔 어머니를 도와야 한다.)

Check-up

1~5

괄호 안의 부사가 들어갈 위치에 ∨표 하시오.

1. My sister is busy on Mondays. (always)

2. My family went climbing on Sundays. (usually)

3. I'm so tired I can stay awake. (hardly)

4. It rains here in April. (often)

5. I have finished my homework. (almost)

＊전문 해석＊
1. 내 여동생은 월요일에 바쁘다.
2. 우리 가족은 일요일마다 등산을 갔다.
3. 나는 너무 피곤해서 깨어 있을 수가 없다.
4. 이곳은 4월에 매우 자주 비가 내린다.
5. 나는 숙제를 거의 끝마쳤다.

＊문제 해결＊
1~5. 빈도를 나타내는 부사(sometimes, often, always, usually 등)와 부정을 나타내는 부사 (never, seldom, hardly)의 위치는 be동사나 조동사 뒤, 일반동사 앞에 쓰인다. 완료 (have/has/had + 과거분사)에 사용된 have/has/had는 조동사 취급을 한다.

＊어휘 해결＊
go climbing 등산 가다

정답 1. is ∨ busy 2. family ∨ went 3. can ∨ stay 4. It ∨ rains 5. have ∨ finished

괄호 안에서 알맞은 말을 고르시오.

6. I (know hardly, hardly know) you.

7. (We've always done, We've done always) it this way.

8. I (never have, have never) thought about that.

9. They (usually have, have usually) dinner at eight.

10. He (often would, would often) come to see me.

＊전문 해석＊

6. 나는 당신을 거의 알지 못한다.
7. 우리는 그것을 이런 식으로 해왔다.
8. 나는 그것에 대해 결코 생각해 보지 않았다.
9. 그들은 종종 8시에 저녁 식사를 한다.
10. 그는 가끔 나를 보기 위해서 오곤 했다.

＊문제 해결＊

6~10. 빈도를 나타내는 부사(sometimes, often, always, usually 등)와 부정을 나타내는 부사 (never, seldom, hardly)의 위치는 'be동사나 조동사 뒤, 일반동사 앞'에 쓰인다. 완료 (have/has/had + 과거분사)에 사용된 have/has/had는 조동사 취급을 한다.

＊어휘 해결＊ **this way** 이런 식으로

정답 6. hardly know 7. We've always done 8. have never 9. usually have 10. would often

Case 25 - 완전부정과 부분부정

부분부정의 공식 [not(no)+all, every, always, necessarily, both]를 암기할 때에는 단어의 의미를 떠올리며 '부부(부분부정)는 둘(both)이서 모든(all, every) 일을 항상(always) 필요(necessarily)한 만큼 노나서(no, not) 해야 한다!' 라고 외운다: 부부는 둘이서 모든 일을 항상 필요한 만큼 노나서 해야 한다!

◆ 완전부정과 부분부정 출제 족보

① **완전부정**: never, none, nothing, neither 등
② **부분부정**: not(no)+all, every, always, necessarily, wholly, both

영어 특유의 표현 중에 완전부정과 부분부정이 있다. 말 그대로 완전부정은 100% 부정에 해당하는 부정을 말하고, 부분 부정은 일부분만 부정했다는 뜻인데, 결국 상당 부분은 긍정한다는 의미임에 주의해야 한다. 완전부정에 해당하는 표현에는 never, none, nothing, neither 등이 있으며, 부분부정을 만드는 방법은 not이나 no를 all, every, always, necessarily, wholly, both처럼 100% 긍정을 나타내는 형용사나 부사와 결합하면 된다.

(1) It is never good to live alone. [완전부정] (혼자서 사는 것은 결코 좋지 않다.)

(2) It is not always good to live alone. [부분부정] (혼자서 사는 것이 반드시 좋지는 않다.)

(3) Nothing is more precious than time. [완전부정] (어떤 것도 시간 보다 귀중한 것은 없다.)

(4) My parents are not both dead. [부분부정] (나의 부모님 두 분이 모두 돌아가신 것은 아니다.)

(5) The rich are not always happy. [부분부정] (부자라고 늘 행복한 것은 아니다.)

Check-up

1~2

다음 두 문장 간의 의미상의 차이를 비교하여 완전부정인지 부분부정인지 쓰시오.

1. ⓐ I don't know both of them. (   )

   ⓑ I don't know either of them. (   )

2. ⓐ I did not invite all of them. (   )

   ⓑ I did not invite any of them. (   )

＊전문 해석＊ 1. ⓐ 나는 그들 둘 중에서 한 분만을 안다.
    ⓑ 나는 그들 둘 다를 모른다.
   2. ⓐ 나는 그들 모두를 초대한 것은 아니다.
    ⓑ 나는 그들 모두를 초대하지 않았다.

＊문제 해결＊ 1. not ~ both는 부분부정이고, not ~ either는 완전부정이다.
   2. not ~ all은 부분부정이고, not ~ any는 완전부정이다.

＊어휘 해결＊ **invite** 초대하다

정답 1. ⓐ 부분부정 ⓑ 완전부정 2. ⓐ 부분부정 ⓑ 완전부정

밑줄 친 부분에 유의하여 우리말로 해석하시오.

3. This is <u>not</u> to be found <u>anywhere</u>.

4. <u>All</u> that glitters is <u>not</u> gold.

5. Clever people will <u>not always</u> succeed.

6. <u>Nothing</u> that he says is true.

7. <u>Not every</u> person can be a poet.

＊문제 해결＊
3. not ~ any는 완전부정이다.
4. all ~ not은 부분부정이다.
5. not always는 부분부정이다.
6. nothing은 완전부정이다.
7. not every는 부분부정이다.

＊어휘 해결＊   **glitter** 반짝이다 / **poet** 시인

 3. 아무데도 없다. 4. 반짝이는 것이 모두 금은 아니다. 5. 똑똑한 사람들이 언제나 성공하는 것은 아니다.
6. 그가 말하는 것은 모두가 사실이 아니다. 7. 누구나 다 시인이 될 수 있는 것은 아니다.

Case 26 – 주의해야 할 부사

비법 전수

late는 형용사로 '늦은', 부사로 '늦게' 라는 의미로 쓰인다. lately는 부사로 '최근에' 라는 뜻이다. 암기할 때는 '형부(형용사, 부사)한테(late) 최근에 틀니(lately) 바꾼 것 어떤지 물어봐줘!' 라고 외운다: *형부 한테 최근에 틀니 바꾼 것 어떤지 물어봐줘!*

◆ 주의해야 할 부사 출제 족보

┌ hard ⑱ 단단한, 어려운 ⑭ 열심히, 단단히   ┌ late ⑱ 늦은 ⑭ 늦게
└ hardly ⑭ 좀처럼 ~ 않는   └ lately ⑭ 최근에

┌ fast ⑱ 빠른 ⑭ 빠르게   ┌ near ⑱ 가까운 ⑭ 가까이   ┌ high ⑱ 높은 ⑭ 높게
└ fastly (틀린 표현임)   └ nearly ⑭ 거의   └ highly ⑭ 높게

일반적으로 부사는 [형용사 + -ly]로 만든다. 하지만 어떤 단어들은 형태의 변화 없이 형용사와 부사의 기능을 모두 하는 것들이 있다. 즉 명사를 수식하는 형용사의 기능과 형용사나 다른 부사, 동사를 수식하는 부사의 기능을 다 할 수 있다.

(1) 형용사와 형태가 같은 부사

① She is a fast swimmer. [형용사: 빠른] (그녀는 빠른 수영 선수이다.)

　She swims fast. [부사: 빠르게] (그녀는 빠르게 수영한다.)

② Habits are hard to break. [형용사: 어려운] (습관은 고치기가 어렵다.)

　He studied hard in his school days. [부사: 열심히] (그는 학창시절에 열심히 공부했다.)

(2) 의미에 주의해야 할 부사

① She could hardly work. [좀처럼 ~ 않는] (그녀는 좀처럼 일할 수 없다.)

② I haven't seen any plays lately. [최근에] (나는 최근에 어떤 연극도 본 적이 없다.)

③ It took nearly two hours to arrive there. [거의]

　(그곳에 도착하는 데 거의 2시간이 걸렸다.)

(3) 용법에 주의해야 할 부사

very	형용사 · 부사의 원급과 현재분사 수식
much	동사 · 비교급 · 비교급 수식

It's a **very** *interesting* story. (그것은 매우 재미있는 이야기이다.)

It is **much** *colder* today than it was yesterday. (오늘은 어제보다 훨씬 더 춥다.)

Check It Out!

부사의 종류

부사는 보통 '때, 장소, 정도, 방법, 빈도'를 나타낸다.

때	장소	정도	방법	빈도
now(지금) then(그 때) today(오늘) yesterday(어제) early(일찍) late(늦게)	here(여기에) there(저기에) far(멀리) near(가까이에)	very(매우) much(많이) quite(꽤)	fast(빨리) slowly(천천히) well(잘) hard(열심히)	sometimes(때때로) often(자주) always(항상) usually(대개) never(결코 ~않다)

I must go now. (나는 지금 가야 한다.)

She opened the door slowly. (그녀는 천천히 문을 열었다.)

We have to study hard. (우리는 열심히 공부해야 한다.)

1 ~ 5

괄호 안에서 알맞은 말을 고르시오.

1. John studies physics very (hard, hardly).

2. He is (very, much) taller than I.

3. She (near, nearly) fell into the river.

4. Have you ever seen her (late, lately)?

5. He is (very, much) fond of going fishing in the river.

✻전문 해석✻
1. John은 물리학을 매우 열심히 공부한다.
2. 그는 나보다 훨씬 더 크다.
3. 그녀는 거의 강에 빠질 뻔 했다.
4. 최근에 그녀를 본 적이 있습니까?
5. 그는 강으로 낚시하러 가기를 매우 좋아한다.

✻문제 해결✻
1. hard는 형용사로 '단단한, 어려운', 부사로 '열심히' 라는 뜻을 지닌다. hardly는 부사로 '좀처럼 ~않는' 의 의미이다.
2. 비교급을 수식할 수 있는 것은 much이다.
3. 내용상 '거의' 라는 단어가 필요하므로 nearly가 알맞다.
4. 내용상 '최근에' 라는 단어가 필요하므로 lately가 알맞다.
5. 형용사·부사의 원급을 수식할 수 있는 것은 very이다.

✻어휘 해결✻　**physics** 물리학 / **lately** 최근에(=of late, recently) / **be fond of** ~을 좋아하다

정답　1. hard　2. much　3. nearly　4. lately　5. very

밑줄 친 부분에 유의하여 우리말로 해석하시오.

6. He <u>hardly</u> worked today.

7. It's <u>very</u> interesting to watch children playing.

8. He usually gets up <u>late</u> in the morning.

9. *Gone with the Wind* was a <u>highly</u> amusing film.

✳문제 해결✳ 6. hardly는 부사로 '좀처럼 ~않는'의 의미이다.
7. 형용사·부사의 원급을 수식할 수 있는 것은 very이다.
8. late는 형용사로 '늦은', 부사로 '늦게'라는 뜻으로 쓰인다. 이 문장에서는 동사 gets up을 수식하는 부사이다.
9. highly는 부사로 '매우'라는 의미이다.

✳어휘 해결✳ **amusing** 재미있는 / **film** 영화

 6. 그는 오늘 열심히 일하지 않았다. 7. 아이들이 놀고 있는 것을 지켜보는 것은 매우 흥미롭다. 8. 그는 종종 아침에 늦게 일어난다. 9. *바람과 함께 사라지다*는 매우 재미있는 영화였다.

비법 전수

enough가 형용사일 때에는 명사 앞에서 뒤에 나오는 명사를 수식하고, 부사일 때에는 뒤에서 앞에 나오는 형용사/부사를 수식한다. 암기할 때는 '이모(enough)는 명사 언니 앞에 오지만 형부(형용사, 부사)를 만나면 뒤로 숨는다!' 라고 외운다: 이모는 명사언니 앞에 오지만 형부를 만나면 뒤로 숨는다!

◆ enough의 용법 출제 족보

① enough(형용사) + 명사: enough *money*

② 형용사/명사 + enough(부사): *rich* enough

enough가 형용사일 때에는 의미가 '충분한'이고 명사 앞에서 뒤에 나오는 명사를 수식한다. 예를 들면 '충분한 돈'이란 표현은 enough money라고 해야 한다. 반면 **enough**가 부사일 때에는 의미가 '충분히'이고 [형용사/부사 + enough]의 어순을 취해야 한다. 예를 들어 '충분히(매우) 부유한'이란 표현은 rich enough라고 해야 한다.

(1) She has enough *money*. (그녀는 충분한 돈을 가지고 있다.)

(2) He is *tall* enough to reach the ceiling. (그는 천장에 닿을 정도로 키가 크다.)

(3) He was *kind* enough to show me the way.

(그는 나에게 길을 안내해 줄 정도로 친절했다.)

(4) His income is not *big* enough to support his family.

(그의 수입은 가족을 부양할 만큼 충분치 못하다.)

Check It Out!

부정어 ~ enough (아무리 ~해도 지나치지 않다)

① I cannot **apologize to you** enough. (당신께 어떻게 사과 드려야 할지 모르겠습니다.)

② I can't **praise him** enough. (아무리 그를 칭찬해도 지나치지 않다.)

Check-up

1~5

enough가 들어갈 위치에 ∨표 하시오.

1. They don't drink water.

2. Five years is long to wait.

3. I don't have time to finish it in time.

4. There was food for us to last a whole week.

5. Are you warm in such a light jacket?

＊전문 해석＊
1. 그들은 충분한 물을 마시지 못하고 있다.
2. 5년은 기다리기에 충분히 긴 시간이다.
3. 나는 그 일을 제 시간에 끝마칠 충분한 시간이 없다.
4. 우리가 1주일 동안 지낼 충분한 식량이 있었다.
5. 그렇게 얇은 상의를 입고도 춥지 않으세요?

＊문제 해결＊
1~5. enough가 형용사일 때에는 의미가 '충분한' 이고 명사 앞에서 뒤에 나오는 명사를 수식한다. 반면에 enough가 부사일 때에는 의미가 '충분히' 이고 [형용사/부사＋enough]의 어순을 취해야 한다.

＊어휘 해결＊ **last** 지속하다, 지내다 / **light** 가벼운, 얇은

정답 1. drink ∨ water 2. long ∨ to 3. have ∨ time 4. was ∨ food 5. warm ∨ in

6 ~ 10 ● ● ●

밑줄 친 부분을 어법에 맞게 고쳐 쓰시오.

6. She is enough rich to buy the new car.

7. I have money enough for the journey.

8. It is enough cold for us to wear a fur coat.

9. We have food enough.

10. You are enough old to decide by yourself.

＊전문 해석＊ 6. 그녀는 새 자동차를 살만큼 충분히 부자이다.
7. 나는 여행하기에 충분한 돈을 가지고 있다.
8. 모피 코트를 입어도 될 만큼 날씨가 춥다.
9. 음식은 충분히 있다.
10. 나는 혼자서 결정할 충분한 나이가 되었다.

＊문제 해결＊ 6~10. enough가 형용사일 때에는 의미가 '충분한'이고 명사 앞에서 뒤에 나오는 명사를 수식한다. 반면에 enough가 부사일 때에는 의미가 '충분히'이고 [형용사/부사＋enough]의 어순을 취해야 한다.

복수 형태를 한 명사들

단 어	뜻
credentials	신임장, 자격증
customs	세관
damages	배상금
directions	지시, 명령, 사용법(instructions)
dregs	잔재, 찌꺼기(waste)
earnings	소득, 수입
essentials	본질적 요소, 요점
expenses	경비, 비용
glasses	안경
goods	상품, 물자

[1~2] 다음 밑줄 친 부분 중 어법상 바르지 않은 것을 고르시오.

01

Listen! She's playing the piano very beautiful.
① ② ③ ④ ⑤

02

His mother made him work hard. He listened always to her advice carefully.
　　　　　　　　① ② ③ ④ ⑤

03 괄호 안의 단어를 넣어 문장을 다시 쓰시오.

He is at home on Sundays. (never)

→ _____

04 밑줄 친 부분에 유의하여, 두 문장을 우리말로 옮기시오.

(A) Happily he did not die.

(B) He did not die happily.

05 밑줄 친 pretty의 의미가 나머지 넷과 다른 것은?

① He can ski pretty well.　② The weather is pretty good.

③ It's a pretty good idea.　④ She is very pretty.

⑤ I feel pretty tired.

06 다음 글에서 밑줄 친 부분 중 어법상 틀린 것은?

①Although a job applicant is well-qualified, he may make a bad impression by ②appearing for an interview in casual clothes. In this case, casual clothes mean that he does not have a sense of respect for the job. Another applicant may make a bad impression by arriving five minutes ③lately for an interview. In addition, there are applicants ④who talk too much. And, finally, there are some job applicants who appear more interested in the salary than in the duties. They may ⑤be considered as self-seeking.

07 빈칸 (A)와 (B)에 적절한 것끼리 짝지은 것은?

Well, isn't there a better way than those mentioned above? Sure there is. Here is what officer Lopez says: "We asked about 400 prisoners to respond to questions __(A)__. We asked the prisoners what they thought could be done to make homes more secure. Dogs rated the highest. More prisoners thought having a dog in the home was the best way to make a home secure." __(B)__, leaving lights on or keeping weapons, which we mentioned above, was rated very low as protection.

	(A)	(B)
①	related to crimes	Surprisingly enough
②	relating to crimes	Surprisingly enough
③	related to crimes	Enough surprisingly
④	relating to crimes	Enough surprisingly
⑤	related crimes	Surprisingly enough

[8~9] 다음 글을 읽고, 물음에 답하시오.

Many students work part-time to pay for their educational expenses. Their incomes are small, so they need to spend their money carefully. At Eastern Michigan University, advisors help students plan and stick to a budget. They suggest that, at the beginning of a school semester, you write down all your income. This might be the money you get from your family, or from a part-time job. Then, list all of your expenses. Put your expenses into two groups: those that change(food, travel, phone, books), and those that stay the same(tuition, room and board). Add together all of your expenses, then subtract these from your income. If you do this, you'll know if you have enough money or if you need more. Learning to stick to a budget is not always easy. But for many students, it is easier than borrowing money from family or friends in the middle of a semester.

08 위 글의 밑줄 친 부분을 우리말로 옮기시오.

09 위 글의 요지로 가장 적절한 것은?

① 학생들은 용돈을 많이 쓰지 못한다.
② 더 많은 돈을 벌 수 있도록 노력해야 한다.
③ 가족과 친구들로부터 돈을 빌리는 방법을 알아야 한다.
④ 예산을 짜는 것은 적은 수입으로 생활하는 데 도움이 된다.
⑤ 대학을 다니면서 용돈을 벌기 위해 아르바이트를 해야 한다.

First Step 명사 관련 필수 문법요소

06 비교

Case 28~36

• 6. 비교

Case 28~36

Case 28 – 비교의 형태와 의미 및 비교급·최상급 만드는 법

비법 전수

3음절 이상의 형용사나 부사를 비교급이나 최상급을 만들려면 앞에 more나 most를 붙여야 한다. 암기할 때는 **'3음절 이상이 모모(more/most)냐?'** 라고 외운다: 3음절 이상이 모모냐?

◆ 비교의 형태와 의미 및 비교급·최상급 만드는 법 출제 족보

① **비교급의 형태와 의미:** 두 개의 대상을 비교할 때 사용하는 비교급은

[형용사(부사) + -er + than ~]의 형태로 '~보다 더 …한(하게)'의 뜻

② **최상급의 형태와 의미:** 셋 이상의 대상을 비교할 때 사용하는 최상급은

[the + 형용사 + -est, 부사 + -est]의 형태로 '가장 ~한(하게)'의 뜻

형용사와 부사의 비교에는 원급, 비교급, 최상급의 세 가지 변화형이 있다. 원급은 비교되지 않은 원래의 형태를 가리키고, 비교급은 둘을 비교할 때 쓰는 말로 '…보다 더 ~한'의 뜻이다. 최상급은 셋 이상을 비교할 때 쓰는 말로 '…중에서 가장 ~한'의 뜻이다. 비교급과 최상급은 원칙적으로 [원급 + -er(-est)]를 붙여서 만든다. 3음절 이상일 경우에는 원급 앞에 more/most를 붙여 비교급과 최상급을 만든다.

(1) 비교급의 형태와 의미

두 개의 대상을 비교할 때 사용하는 비교급은 [형용사(부사) + -er + than ~]의 형태로 '~보다 더 …한(하게)'의 뜻을 나타낸다.

Jane is older than Mike. (Jane은 Mike보다 나이가 많다.)

Jane studies harder than Mike. (Jane은 Mike보다 열심히 공부한다.)

(2) 최상급의 형태와 의미

셋 이상의 대상을 비교할 때 사용하는 최상급은 [the + 형용사 + -est, 부사 + -est]의 형태로 '가장 ~한(하게)'의 뜻을 나타낸다. 최상급 다음에는 '~중에서'의 뜻인 in/of를 써서 비교 범위를 나타낼 수 있다.

Mark is the youngest student *in* the class. (Mark는 반에서 가장 어린 학생이다.)

He runs fastest *of* all the students. (그는 모든 학생들 중에서 가장 빨리 달린다.)

(3) 비교급과 최상급을 만드는 방법

① 규칙 변화

		원래의 모양	비교급	최상급
대부분의 형용사 · 부사	-er, -est를 붙인다.	strong	stronger	strongest
		short	shorter	shortest
		fast	faster	fastest
발음이 되지 않는 e로 끝날 때	e를 빼고 -er, -est를 붙인다.	large	larger	largest
		wise	wiser	wisest
		nice	nicer	nicest
[단모음 + 단자음]으로 끝날 때	마지막 자음을 한 번 더 쓰고 -er, -est를 붙인다.	hot	hotter	hottest
		big	bigger	biggest
		thin	thinner	thinnest
y로 끝날 때	y를 i로 바꾸고 -er, -est를 붙인다.	easy	easier	easiest
		happy	happier	happiest
		early	earlier	earliest

② 불규칙 변화

원래의 모양	비교급	최상급
good / well	better	best
bad	worse	worst
many / much	more	most

more, most를 앞에 붙여 비교급, 최상급을 나타내는 경우

① -ful, -ous 등으로 끝나는 2음절의 형용사

② 3음절 이상의 긴 형용사

③ [형용사＋-ly]꼴의 부사

ex. more dangerous (더 위험한) / the most expensive (가장 값비싼)

Check-up

1~6

다음 단어들의 비교급과 최상급을 각각 쓰시오.

	1. easy	2. thin	3. hard	4. large	5. well	6. long
비교급						
최상급						

＊어휘 해결＊ **thin** 마른, 얇은

 정답 1. easier, easiest 2. thinner, thinnest 3. harder, hardest 4. larger, largest 5. better, best 6. longer, longest

그림과 일치하도록 괄호 안의 단어를 알맞게 바꿔 빈칸에 쓰시오.

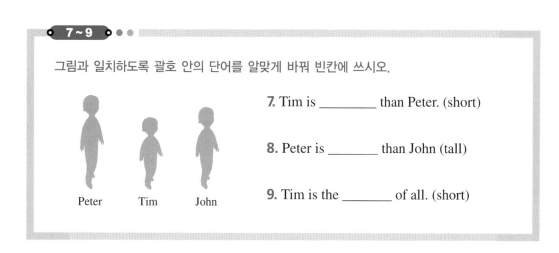

Peter   Tim   John

7. Tim is _____ than Peter. (short)

8. Peter is _____ than John (tall)

9. Tim is the _____ of all. (short)

✻ 문제 해결 ✻ 7~9. 그림의 상황에서 키가 큰 순서는 Peter, John, Tim 순이다.

정답 7. shorter 8. taller 9. shortest

Case 29 – 원급을 이용한 비교 표현

비법 전수

원급 비교를 이용한 [as 원급 as possible(=as 원급 as 주어 + can)]은 '가능한 ~하게'라는 뜻이다. 암기할 때에는 '(야구나 축구의) 해외파(as ~ as possible)는 가능한 많이 있으면 좋다!'라고 외운다: 해외파는 가능한 많이 있으면 좋다!

◆ 원급을 이용한 비교 표현 출제 족보

① as 원급 as: ~만큼 …하다

② not as(so) 원급 as: ~만큼 …하지 못하다

③ as 원급 as possible(= as 원급 as 주어 + can): 가능한 ~하게

④ 배수(분수) + as 원급 as: 배수(분수)만큼 ~하다

원급 비교는 [as 원급 as]에 의한 비교로 앞에 있는 as는 지시부사이고, 두 번째 as는 종속접속사(관계부사)이다. 회화체나 의문문에서는 앞에 있는 as 대신에 so를 사용하기도 한다.

(1) as 원급 as: ~만큼 …하다

This is as important as that. (이것은 저것만큼 중요하다.)

She knows the world as little as a baby. (그 여인은 아기만큼이나 세상을 모른다.)

(2) not as(so) 원급 as: ~만큼 …하지 못하다

He is not as old as he looks. (그는 겉보기처럼 나이 들지 않았다.)

He cannot speak French so fluently as she (does).

(그의 불어 회화는 그녀만큼 유창하지 못하다.)

(3) as 원급 as possible(= as 원급 as 주어 + can): 가능한 ~하게

She tried to look as charming as possible.

(그녀는 할 수 있는 한 매력 있게 보이도록 노력했다.)

= She tried to look as charming as she could.

(4) **배수(분수)＋as 원급 as**: 배수(분수)만큼 …하다

Tom has three times as many books as I. (Tom은 나보다 3배 많은 책을 가지고 있다.)

This room is twice as large as mine. (이 방은 내 방보다 두 배 크다.)

Check It Out!

최상급 표현

• **as ~ as any＋명사**: 원급으로서 최상급의 뜻

• **as ~ as ever＋동사**: 최상급의 뜻

She is **as diligent** as any lady. (그녀는 그 누구 못지않게 근면하다.)

= She is **as diligent** a lady as ever lived.

= No other lady is so diligent as she.

복수 형태를 한 명사들

단 어	뜻
greens	야채(vegetables)
grounds	뜰, 정원(garden)
headquarters	본부, 사령부
jeans	진(데님) 바지
knickers	여성용 내의
lodgings	하숙집, 전세방
looks	용모, 모습
manners	예의범절, 풍습

1~5 ● ● ●

두 문장이 같은 뜻이 되도록 빈칸에 알맞은 단어를 쓰시오.

1. Tom is younger than Ann.

= Tom is not _____ _____ _____ Ann.

2. My sister can play the violin better than me.

= I _____ _____ the violin as _____ _____ my sister.

3. He studied as hard as possible to pass the exam.

= He studied as hard as he _____ to pass the exam.

4. I have one thousand won. You have one thousand won, too.

= I have _____ _____ money _____ you do.

5. I weigh 50kg. My sister weighs 50kg, too.

= I am _____ _____ _____ my sister.

✽전문 해석✽ 1. Tom은 Ann보다 어리다. = Tom은 Ann만큼 나이 들지 않았다.

2. 여동생은 나보다 바이올린을 더 잘 켤 수 있다. = 나는 여동생만큼 바이올린을 켤 수 없다.

3. 그는 시험에 통과할 만큼 가능한 열심히 공부했다.

4. 나는 천원을 가지고 있다. 너도 천원을 가지고 있다. = 나는 너만큼 많은 돈을 가지고 있다.

5. 내 몸무게는 50kg이다. 내 여동생도 50kg이다. = 나는 여동생만큼 무겁나.

✽문제 해결✽ 1. [not as(so) 원급 as]는 '~만큼 …하지 못하다' 라는 뜻이다.

2. 주어가 바뀌었으므로 as ~ as의 부정문이 되어야 하는데, 조동사 can이 사용된 문장이므로 cannot의 형태가 되며, better는 good과 well의 비교급이지만 여기서는 동사인 play를 수식하는 부사의 형태인 well이 필요하다.

3. [as 원급 as possible(= as 원급 as 주어 + can)은 '가능한 ~하게' 라는 뜻이다.

4. 돈은 셀 수 없는 명사이므로 as ~ as 사이에 형용사 much를 사용한다.

5. 몸무게를 비교하는 것이므로 형용사는 heavy를 사용해야 한다.

정답 1. as(so) old as 2. cannot(can't) play, well as 3. could 4. as much, as 5. as heavy as

우리말과 같은 뜻이 되도록 빈칸에 알맞은 단어를 쓰시오.

6. 나의 개는 너의 개만큼 크지 않다.

→ My dog is _____ _____ big _____ yours.

7. 이 다리는 저것의 3배만큼 길다.

→ This bridge is _____ _____ as _____ as that one.

8. 나는 너만큼 수학을 잘하지 못한다.

→ I am not so _____ at math _____ you are.

9. 나는 Tom만큼 열심히 공부해야 한다.

→ I should study _____ _____ _____ Tom.

10. 나는 그 곳에 가능하면 빨리 도착하려 노력했다.

→ I tried to reach there as _____ _____ _____.

＊문제 해결＊ 6, 8. [not as(so) 원급 as]는 '～만큼 …하지 못하다' 라는 뜻이다.
7. [배수(분수) + as 원급 as]는 '배수(분수)만큼 …하다' 는 뜻이다.
9. [as 원급 as]는 '～만큼 …하다' 는 뜻이다.
10. [as 원급 as possible(= as 원급 as 주어 + can)은 '가능한 ～하게' 라는 뜻이다.

정답 6. not as(so), as 7. three times, long 8. good, as 9. as hard as 10. soon as possible

Case 30 – 비교급을 이용한 표현

비법 전수

우등비교는 [A ~ 비교급 than B(A가 B보다 더 ~하다)] 형식이고, 열등비교는 [A ~ less 원급 than B(A는 B보다 덜 ~하다)] 형식이다. 암기할 때는 '**우등(우등비교)상품은 비데(비교급＋than)이고, 열등(열등비교)한 놈은 벌로 네 대(less than)를 맞는다!**' 라고 외운다: 우등상품은 비데이고, 열등한 놈은 벌로 네 대를 맞는다!

◆ 비교급을 이용한 표현 출제 족보

① **우등비교**: A ~ 비교급 than B (A가 B보다 더 ~하다)
② **열등비교**: A ~ less 원급 than B (A는 B보다 덜 ~하다)

비교급은 두 가지 대상의 성질이나 특성을 비교할 때 쓴다. 비교급을 이용한 표현에는 크게 우등비교와 열등비교가 있다. 우등비교는 [A ~ 비교급 than B(A가 B보다 더 ~하다)] 형식이고, 열등비교는 [A ~ less 원급 than B(A는 B보다 덜 ~하다)] 형식이다.

(1) **우등비교**: A ~ 비교급 than B (A가 B보다 더 ~하다)

Your school is larger than ours. (너의 학교가 우리 학교보다 더 크다.)

She is sincerer than her husband. (그녀는 남편보다 더 진실하다.)

(2) **열등비교**: A ~ less 원급 than B (A는 B보다 덜 ~하다)

He is less clever than his younger brother. (그는 그의 남동생보다 덜 영리하다.)

Man's judgements are formed less from reason than from sensation.

(사람의 판단은 이성에 의하기보다 감정에 의해 형성된다.)

(3) **점층비교**: 비교급 and 비교급 (점점 더 ~한)

The sky grew darker and darker. (하늘은 점점 더 어두워 졌다.)

절대 비교급

구체적인 비교의 대상 없이, 막연히 어떤 정도의 높고 낮음, 좋고 나쁨 등을 표시하는 것이다.

① He contributed millions of dollars to those institutions of higher education. (그는 여러 고등 교육기관에 수백만 달러를 기부했다.)

② Much is expected of the younger generation. (청년층에 기대하는 바가 크다.)

Check-up

1 ~ 5

괄호 안의 단어를 알맞은 형태로 바꾸어 쓰시오.

1. Today is a lot (hot) than yesterday.

2. My father is much (tall) than I am.

3. My backpack is less (expensive) than yours.

4. The situation will become worse and (bad).

5. I speak English (little) frequently than formerly.

＊전문 해석＊
1. 오늘이 어제보다 훨씬 더 덥다.
2. 나의 아버지는 나보다 훨씬 더 키가 크다.
3. 나의 책가방은 너의 것보다 덜 비싸다.
4. 상황이 점점 악화될 것이다.
5. 나는 전처럼 자주 영어를 쓰게 되지 않는다.

＊문제 해결＊
1, 2. 우등비교는 [A ~ 비교급 than B (A가 B보다 더 ~하다)]이다.
3, 5. 열등비교는 [A ~ less 원급 than B (A는 B보다 덜 ~하다)]이다.

4. 점층비교는 [비교급 and 비교급 (점점 더 ~한)]이다.

＊어휘 해결＊ **backpack** 배낭, 학생용 가방

정답 1. hotter 2. taller 3. expensive 4. worse 5. less

---

6 ● ● ●

[보기]와 문장의 뜻이 같은 것은?

| 보기 | Your brother is more famous than you.

① You are so famous as your brother.

② You are as famous as your brother.

③ You are more famous than your brother.

④ You are not so famous as your brother.

⑤ You and your brother are both famous.

＊전문 해석＊ [보기] 너의 남동생은 너보다 더 유명하다.

＊문제 해결＊ 우등비교는 [A ~ 비교급 than B (A가 B보다 더 ~하다)]이다.

＊어휘 해결＊ **famous** 유명한

정답 6. ④

Case 31 – the + 비교급 용법

비법 전수

비교급 앞에 정관사(the)를 붙여야 하는 경우를 암기할 때는 **'오늘도(all the) 둘 중에서(of the two) 더 빈(the + 비교급) 놈은 비교적 더(비교급 앞에 the) 맞는다!'** 라고 외운다: 오늘도 둘 중에서 더 빈 놈은 비교적 더 맞는다!

◆ the + 비교급 출제 족보

① the + 비교급 of the two: 둘 중에서

② all the + 비교급 for 명사(because 주어 + 동사): ~ 때문에 더욱 …하다

③ the + 비교급 ~, the + 비교급: ~하면 할수록 더욱더 …하다

최상급 앞에는 정관사(the)를 붙이지만, 비교급 앞에는 다음의 세 가지 경우에만 정관사 **the**를 붙인다.

(1) the + 비교급 of the two: 둘 중에서

This novel is the more interesting *of the two*. (이 소설은 둘 중에서 더 재미있다.)

Tom is the taller *of the two*. (Tom이 둘 가운데 더 크다.)

(2) (all) the + 비교급 for 명사 (because 주어 + 동사): ~ 때문에 더욱 …하다

He is none the happier *for* all his wealth. (그가 재산이 있다고 해서 더 행복하지도 않다.)

I like him all the better *because he has faults*.

(나는 그가 결점이 있기 때문에 더욱 그를 좋아한다.)

(3) the + 비교급 ~, the + 비교급: ~하면 할수록 더욱 …하다

The more we have, the more we want. (더 많이 가지면 가질수록 더 많이 갖기를 원한다.)

The higher we go up, the colder it becomes. (높이 올라가면 갈수록 더 추워진다.)

Check-up

1 ~ 5

틀린 부분을 찾아 바르게 고쳐 쓰시오.

1. He is richer of the two.

2. She worked harder because she had been praised by his boss.

3. The higher the tree is, the strong the wind is.

4. The more it is dangerous, the more I like it.

5. Which of the two is strongest?

＊전문 해석＊
1. 그가 둘 중에서 더 부자다.
2. 그녀는 사장으로부터 칭찬을 받았기 때문에 그만큼 더 열심히 일했다.
3. 나무가 높으면 그만큼 바람받이가 더 세다.
4. 그것이 위험하면 할수록 나는 그것을 더 좋아한다.
5. 둘 중에서 어느 쪽이 더 강한가?

＊문제 해결＊
1, 5. of the two(둘 중에서)와 함께 사용된 비교급 앞에는 정관사 the를 붙인다.

2. [(all) the 비교급 because 주어+동사]는 '∼ 때문에 더욱더 …하다' 라는 뜻으로 비교급 앞에 정관사 the를 붙인다.
3, 4. [the+비교급 ∼, the+비교급 …]은 '∼하면 할수록 더욱더 …하다' 는 뜻이다.

정답 1. richer → the richer 2. harder → the harder 3. strong → stronger 4. The more it is dangerous → The more dangerous it is 5. strongest → the stronger

6 ~ 10

우리말로 해석하시오.

6. The harder we study, the more ignorant we find ourselves.

7. My daughter is the prettier of the two.

8. I like her all the better for her shyness.

9. She loved her son all the more because he was blind.

10. The earlier we leave, the sooner we will arrive.

＊문제 해결＊ 6, 10. [the+비교급 ∼, the+비교급 …]은 '∼하면 할수록 더욱더 …하다' 는 뜻이다.
7. of the two(둘 중에서)와 함께 사용된 비교급 앞에는 정관사 the를 붙인다.
8, 9. [all the 비교급 for 명사(because 주어+동사)]는 '∼ 때문에 더욱더 …하다' 라는 뜻으로 비교급 앞에 정관사 the를 붙인다.

정답 6. 공부를 열심히 하면 할수록 자신이 무지하다는 것을 더 알게 된다. 7. 내 딸이 둘 중에서 더 예쁘다. 8. 나는 그녀가 수줍어하기 때문에 그녀를 더 좋아한다. 9. 그녀는 자기 아들이 앞을 볼 수 없기 때문에 더욱더 아들을 사랑했다. 10. 일찍 떠날수록 더 빨리 도착할 것이다.

[1~2] 다음 빈칸에 알맞은 것은?

01

> My brother speaks Chinese _____ than me.

① better   ② good

③ best   ④ well

⑤ more

02

> He can walk as _____ as John.

① faster   ② the fastest

③ fastest   ④ more fast

⑤ fast

03 다음 빈칸에 than이 들어갈 수 <u>없는</u> 것은?

① You eat more _____ I do.

② She is as clever _____ Tom.

③ I feel better _____ last night.

④ Seoul is bigger _____ Busan.

⑤ I got up earlier _____ Mike.

04 주어진 문장의 뜻이 같도록 빈칸에 알맞은 말을 쓰시오.

As the prices are higher, people will buy less.

=_____ _____ the prices are, _____ _____ people will buy.

05 밑줄 친 (A), (B)에서 어법에 맞는 표현을 고르시오.

A lot of people were worried about his health. (A)Fortunate/Fortunately his condition was much (B)good/better than we expected

06 다음 밑줄 친 부분 중, 어법상 틀린 것은?

According to one experiment, students who took tests in a familiar classroom or area got ①good grades than students who took tests in an unfamiliar setting. If you want to get good scores, experience the test site in advance. This is very ②helpful if you are especially anxious. If possible, find out what room you'll ③be assigned to, and try to sit there by yourself for a while. Better yet, bring some practice material and ④do at least a section or two, if not an entire practice test, in that room. In their situation, ⑤familiarity creates comfort and confidence.

[7~8] 다음 글을 읽고, 물음에 답하시오.

Cheating is when you mislead, deceive, or act dishonestly on purpose. So, when teachers deal with students who do get caught cheating, they usually punish the students harshly. However, punishments do not work well as a deterrent. The root of the problem is that students believe good grades are more valuable than personal integrity. So, a solution to the problem of students cheating must start with an open and consistent dialogue between teachers and students. Teachers must communicate to students that they care more about students' understanding of the material than about their grades. Students must learn the value of doing their own work.

*deterrent 억제책

07 위 글의 밑줄 친 문장을 비교 구문에 유의하여 우리말로 해석하시오.

08 위 글의 요지로 가장 적절한 것은?
① 체벌을 통한 교육은 역효과를 불러온다.
② 과중한 시험 부담은 부정행위를 유발한다.
③ 적절한 처벌을 통해 부정행위를 방지해야 한다.
④ 결과보다는 과정을 평가하는 교육이 되어야 한다.
⑤ 부정행위는 선생님과 학생의 대화를 통해 예방해야 한다.

단 어	뜻
means	방법, 수단
morals	품행, 윤리, 도덕
odds	가능성, 확률
outskirts	시 외곽지역
overalls	작업복
pains	수고, 노력, 고생(effort)
pajamas	잠옷, 파자마
pants	바지
particulars	자세한 내용, 상세(details)
pincers	펜치(pliers)
premises	부동산, 토지(buildings)
proceeds	수입, 수익
prospects	장래성, 유망한 사람
provisions	식료품, 식량(food supplies)
qualms	양심의 가책, 불안
quarters	처소, 숙소(lodgings)
refreshments	다과, 가벼운 음식물
regards	(편지에서) 안부인사

Case 32 – 비교급 강조 부사

비교급 강조 부사에는 even, much, by far, still, as yet, far, a lot, a great deal이 있다. 암기할 때는 첫 글자와 의미를 조합하여 'EMB(이명박-even, much, by far) 씨! 아직도(still, as yet) 골프 실력이 far요? 많이(a lot, a great deal) 못 치는 구려!' 라고 외운다. EMB(이명박) 씨! 아직도 골프 실력이 far요? 많이 못 치는 구려!

◆ 비교급 강조 부사 출제 족보

▶ 비교급 강조 부사 + 비교급(-er, more): 훨씬, 더욱

※ 비교급 강조 부사: even, much, by far, still, as yet, far, a lot, a great deal

비교급을 강조할 때에는 비교급 앞에 even, much, by far, still, as yet, far, a lot, a great deal 등을 놓고 '훨씬, 더욱'으로 해석한다. 특히 many와 very는 비교급 강조 부사로 사용될 수 없음을 기억해 둔다.

(1) This book is even *heavier* than that. (이 책이 저것보다 훨씬 더 무겁다.)

(2) This article is far *cheaper* than that one. (이 상품은 저것보다 훨씬 더 싸다.)

(3) Great poet as he is, he is still *greater* as a man.

(그는 위대한 시인이지만, 한 인간으로서 더욱 위대하다.)

(4) The satisfaction of my mother was much *greater* than mine.

(어머니의 만족이 나보다 훨씬 더 컸다.)

much more와 much less (~은 말할 것도 없이)

① He can speak French, much more English. [긍정문]
　　　　　　　　= still more English.
　　　　　　　　= not to speak of English.
　　　　　　　　= to say nothing of English.
　　　　　　　　= not to mention English.
(그는 영어는 말할 것도 없이 불어도 말할 수 있다.)

② He can't speak French, much less English. [부정문]
　　　　　　　　　　= still less English.
　　　　　　　　　　= let alone English.
(그는 영어는 말할 것도 없이 불어도 말할 수 없다.)

Check-up

1 ~ 5

괄호 안에서 알맞은 것을 고르시오.

1. This is (many, much) larger than that.

2. This cell phone is (very, still) better than that one.

3. I eat (a lot, a lot of) less than I used to.

4. Gold is (far, farther) heavier than lead.

5. He studies English (even, very) harder than his classmates.

∗전문 해석∗　1. 이것은 저것보다 훨씬 더 크다.
　　　　　　　2. 이 핸드폰은 저것보다 훨씬 더 좋다.

3. 나는 전보다 훨씬 식사량이 줄었다.

4. 금은 납보다 훨씬 무겁다.

5. 그는 동료들보다 훨씬 더 열심히 영어를 공부한다.

＊문제 해결＊ 1~5. 비교급을 강조할 때에는 비교급 앞에 even, much, by far, still, as yet, far, a lot, a great deal 등을 놓고 '훨씬, 더욱'으로 해석한다. 특히 many와 very는 비교급 강조 부사로 사용될 수 없음을 기억해 둔다.

＊어휘 해결＊ **cell phone** 핸드폰 / **lead** 납

정답 1. much 2. still 3. a lot 4. far 5. even

6 ~ 10 ● ● ●

우리말로 해석하시오.

6. This building is much taller than that.

7. Iron is even more useful than gold.

8. This is still the more important of the two.

9. She spoke as yet more harshly.

10. I am feeling a lot better today.

＊전문 해석＊ 6. 이 건물은 저 건물보다 훨씬 더 크다.
7. 철은 금보다 훨씬 더 유용하다.

8. 그 두 가지 중에서 이쪽이 훨씬 더 중요하다.

9. 그녀는 훨씬 더 격렬한 어조로 말했다.

10. 오늘은 기분이 훨씬 좋다.

＊문제 해결＊ 6~10. 비교급을 강조할 때에는 비교급 앞에 even, much, by far, still, as yet, far, a lot, a great deal 등을 놓고 '훨씬, 더욱'으로 해석한다. 특히 many와 very는 비교급 강조 부사로 사용될 수 없음을 기억해 둔다.

＊어휘 해결＊ **harshly** 거칠게, 가혹하게

정답 6. 이 건물은 저 건물보다 훨씬 더 크다. 7. 철은 금보다 훨씬 더 유용하다. 8. 그 두 가지 중에서 이쪽이 훨씬 더 중요하다. 9. 그녀는 훨씬 더 격렬한 어조로 말했다. 10. 오늘은 기분이 훨씬 좋다.

복수 형태를 한 명사들

단 어	뜻
remains	유물
scales	저울
scissors	가위
shears	원예용 큰 가위
shortcomings	단점, 결점
shorts	반바지
slacks	바지
spectacles	안경

Case 33 – 최상급의 쓰임

비법 전수

형용사의 최상급 앞에는 정관사 the를 쓰지만, 부사의 최상급 앞에는 정관사 the를 붙이지 않는다. 암기할 때에는 **'부채(부사의 최상급) 앞에 정관사 the를 붙이지 마라!'** 라고 명령하듯이 외운다: 부채 앞에 정관사 the를 붙이지 마라!

◆ 최상급의 쓰임 출제 족보

① 형용사의 최상급 앞에는 the를 붙이지만, 부사의 최상급 앞에는 the를 쓰지 않는다.

② the 최상급 + in 단수명사 / the 최상급 + of 복수명사

③ 최상급의 강조: much, the very, by far 이용

최상급은 셋 이상을 비교하여 그 중 정도가 가장 큰 것을 나타낸다. 형용사의 최상급에는 정관사 the를 붙이지만 부사의 최상급에는 정관사 the를 붙이지 않는 것이 보통이다.

(1) 형용사의 최상급 앞에는 정관사 **the**를 붙인다.

She is the busiest woman in my company. (그녀는 회사에서 가장 바쁜 여성이다.)

(2) 부사의 최상급 앞에는 **the**를 쓰지 않는 것이 보통이다.

He studies hardest of them. (그는 그들 중에서 가장 열심히 공부한다.)

(3) the 최상급 + in 단수명사 / the 최상급 + of 복수명사

Father is the earliest riser *in my family*. (우리 가족 중에서 아버지가 가장 빨리 일어나신다.)

Gold is the most valuable *of all metals*. (금은 모든 금속 중에서 가장 가치가 있다.)

(4) 최상급의 강조: much, the very, by far 이용

His idea is the very *best* of all. (그의 생각이 제일 좋다.)

Do much *the best* you can. (당신이 할 수 있는 모든 최선을 다하시오.)

Check-up

1~5

괄호 안의 단어를 알맞은 형태로 바꾸어 쓰시오.

1. Seoul is the (large) city in Korea.

2. I am the (young) in my whole family.

3. This book is (interesting) of the five books.

4. This is (very) best dictionary.

5. The (fine) English in America is spoken in Boston.

＊전문 해석＊
1. 서울은 한국에서 가장 큰 도시이다.
2. 나는 우리 가족 전체 중에서 가장 어리다.
3. 이 책은 5권의 책 중에서 가장 재미있다.
4. 이것은 가장 좋은 사전이다.
5. 보스턴 말이 미국에서 가장 훌륭한 영어이다.

＊문제 해결＊
1~3, 5. the는 최상급 앞에 쓴다.
4. 최상급을 강조할 때에는 [the very + 최상급]의 형태를 사용한다.

정답 1. largest 2. youngest 3. the most interesting 4. the very 5. finest

6 ~ 10 ● ● ●

틀린 부분을 찾아 바르게 고쳐 쓰시오.

6. Jimmy runs the most fastest in the class.

7. The Nile is longest river in the world.

8. He is the much tallest boy in our class.

9. What color do you like the best?

10. Miss Kim is the beautiful woman that I have ever seen.

＊전문 해석＊

6. Jimmy는 그 반에서 가장 빨리 달린다.
7. 나일 강은 세계에서 가장 긴 강이다.
8. 그는 우리 반에서 가장 키가 크다.
9. 어떤 색깔을 가장 좋아하세요?
10. 김 양은 내가 이제껏 본 여인 중 가장 아름다운 여인이다.

＊문제 해결＊

6. 부사인 fast의 최상급은 fastest이며 앞에 most가 불필요하다. 또한 부사의 최상급이므로 정관사 the를 쓰지 않아도 된다.
7. 최상급 앞에는 정관사 the를 붙인다.
8. 최상급을 강조할 때에는 [much the + 최상급]의 형태를 사용한다.
9. 부사의 최상급 앞에는 정관사 the를 붙이지 않는 것이 보통이다.
10. beautiful의 최상급은 the most beautiful이다.

 정답 6. the most 삭제 7. longest → the longest 8. the much → much the 9. the best → best 10. the beautiful → the most beautiful

Case 34 – 원급이나 비교급을 이용한 최상급 표현

부정어로 시작되는 원급이나 비교급 구문은 최상급의 의미를 담고 있다. 암기할 때에는 **'부정어는 원비(원급, 비교급) 최상(최상급) 의미이다!'** 라고 외운다: 부정어는 원비 최상 의미이다!

◆ 원급이나 비교급을 이용한 최상급 표현 출제 족보

▶ 비교급 + than any other + 단수명사

= 비교급 + than all the other + 복수명사

= No (other) + 명사 ~ 비교급 than …

= No (other) + 명사 ~ so 원급 as …

원급이나 비교급을 통해 최상급의 의미를 나타내는 것들은 관용 표현으로 암기해 두어야 한다. 특히 부정어로 시작되는 원급이나 비교급 구문은 최상급의 의미를 담고 있다는 사실을 주목해야 한다.

Tom is **the tallest of all the boys.** (Tom은 모든 소년들 중에서 가장 키가 크다.)

= Tom is **taller than any other boy.**

= Tom is **taller than all the other boys.**

= No (other) boy is **taller than** Tom.

= No (other) boy is **so tall as** Tom.

Health is **the most precious of all things.** (건강이 모든 것 가운데 가장 중요하다.)

= Nothing is **more precious than** health.

= Nothing is **so precious as** health.

우리 가족 중 어머니가 가장 일찍 일어나신다.

Nobody else in our family gets up so early as mother.

= Nobody else in our family gets up earlier than mother.

= Mother gets up earlier than anybody else in our family.

= Mother gets up earliest in our family.

Check-up

1 ~ 8

다음 빈칸에 알맞은 말을 넣으시오.

> Time is the most precious of all things.

1. = Time is more precious _____ any other _____.

2. = Time is more precious _____ all the other _____.

3. = Nothing is more precious _____ _____.

4. = Noting is _____ precious _____ _____.

> He is the bravest soldier in the world.

5. = He is braver than any _____ soldier in the world.

6. = He is braver than all _____ _____ soldiers in the world.

7. = No other soldier is braver _____ _____.

8. = No other soldier is so _____ _____ he.

✱전문 해석✱ 1~4. 시간보다 귀중한 것은 없다.

5~8. 그는 세계에서 가장 용감한 군인이다.

✱문제 해결✱ 1~8. 원급이나 비교급을 이용한 최상급 표현에는 [비교급＋than any other＋단수명사], [비교급＋than all the other＋복수명사], [No (other)＋명사 ～ 비교급 than …], [No (other)＋명사 ～ so 원급 as …]가 있다.

✱어휘 해결✱ **precious** 귀중한

정답 1. than, thing 2. than, things 3. than time 4. so(as), as time 5. other 6. the other 7. than he
8. brave as

---

9 ~ 11 ● ● ●

우리말과 같은 뜻이 되도록 빈칸에 알맞은 단어를 쓰시오.

9. 건강하게 지내는 것보다 더 행복한 것은 나에게 없다.

→ Nothing is _____ to me than to be in good health.

10. Everest 산이 이 세상에서 가장 높다.

→ _____ other mountain in the world so high as Mt. Everest.

11. 한국에서 그보다 훌륭한 시인은 없다.

→ He is greater than any _____ poet.

✱문제 해결✱ 9~11. 원급이나 비교급을 이용한 최상급 표현에는 [비교급＋than any other＋단수명사], [비교급＋than all the other＋복수명사], [No (other)＋명사 ～ 비교급 than …], [No (other)＋명사 ～ so 원급 as …]가 있다.

✱어휘 해결✱ **poet** 시인

정답 9. happier 10. No 11. other

Case 35 – 비교급이 포함된 관용 표현 ①

비법 전수

no less than은 '~만큼이나 (많이)' 라는 의미를 갖는 비교급이 포함된 대표적인 관용 표현이다. 암기할 때에는 '너만큼이나 많이 그녀도 놀랬대(no less than)!' 라고 외운다: 너만큼이나 많이 그녀도 놀랬대!

◆ 비교급이 포함된 관용 표현 ① 출제 족보

① **no more than**: 겨우/단지 (=only)

② **not more than**: 기껏해야 (=at most)

③ **no less than**: ~만큼이나 많이 (=as much as)

④ **not less than**: 적어도 (=at least)

비교급이 포함되어 직역하면 어색한 것들을 비교급이 포함된 관용 표현이라 한다. 독해 지문에서 사용될 경우 지문의 내용을 이해하기가 어려우므로 평소에 숙어처럼 암기해 두어야 한다.

(1)
- no more than: 겨우/단지 (=only)
- not more than: 기껏해야 (=at most)
- no less than: ~만큼이나 많이 (=as much as)
- not less than: 적어도 (=at least)

He has no more than a thousand won with him. (그는 천원밖에 가지고 있지 않다.)

He has not more than a thousand won with him.

(그가 가지고 있는 돈은 기껏해야 천원이다.)

He has no less than ten thousand won with him. (그는 만원이나 가지고 있다.)

He has not less than ten thousand won with him. (그는 적어도 만원은 가지고 있다.)

(2) Which(Who) ~ 비교급, A or B?: A와 B 중 어느 쪽이 더 ~한가?

Which is larger, the sun or moon? (태양과 달 중 어느 쪽이 더 큰가?)

(3) no longer: 더 이상 ~아니다 (=not ~ any longer)

I could wait for him no longer. (나는 더 이상 그를 기다릴 수 없었다.)

Check-up

1 ~ 4

우리말과 같은 뜻이 되도록 빈칸에 알맞은 단어를 쓰시오.

1. 나는 단지 그에게 천원을 빚지고 있을 뿐이다.

→ I owe him no _____ _____ 1,000 won.

2. 나는 기껏해야 20달러밖에 없다.

→ I have _____ _____ than twenty dollars.

3. 나는 여기에 더 이상 머무를 수 없다.

→ I can't stay here _____ _____.

4. Mike와 Tom 중에 누구를 더 좋아하니?

→ Who do you like _____, Mike or Tom?

＊문제 해결＊ 1. no more than은 '겨우/단지(=only)'의 뜻이다.
2. not more than은 '기껏해야(=at most)'의 뜻이다.
3. no longer(=not ~ any longer)는 '더 이상 ~ 아니다'라는 뜻이다.
4. [Which(Who) ~ 비교급, A or B?]는 'A와 B 중 어느 쪽이 더 ~한가?'라는 뜻이다.

정답 1. more than 2. not more 3. any longer 4. better

---

5 ● ● ●

같은 의미가 되도록 빈칸에 알맞은 말을 쓰시오.

The area they are working in is only 10 square meters.

= The area they are working in is _____ _____ _____ 10 square meters.

＊전문 해석＊ 그들이 일하고 있는 지역은 겨우 10제곱미터이다.

＊문제 해결＊ no more than은 '겨우/단지(=only)'의 뜻이다.

＊어휘 해결＊ **square** 정사각형, 제곱

정답 5. no more than

6~8 ● ● ●

우리말로 해석하시오.

6. Which is the better, this computer or that one?

7. He is not more than forty years of age.

8. She could not wait for him any longer.

＊문제 해결＊   6. [Which(Who) ～ 비교급, A or B?]는 'A와 B 중 어느 쪽이 더 ～한가?' 라는 뜻이다.
7. not more than은 '기껏해야(=at most)' 의 뜻이다.
8. no longer(=not ～ any longer)는 '더 이상 ～ 아니다' 라는 뜻이다.

 6. 이 컴퓨터와 저 컴퓨터 중에 어떤 것을 더 좋아합니까? 7. 그의 나이는 기껏해야 40이다. 8. 그녀는 그를 더 이상 기다릴 수 없었다.

비법 전수

라틴어 출신 비교급 –or(senior, junior, superior, inferior 등)의 출제 포인트는 비교급의 감초 than 대신 to 를 쓴다는 것이다. 암기할 때에는 **'라틴어! 와(–or)! 댄(than) 대신 투(to) 나와라!'** 라고 외운다: **라틴 어! 와! 댄 대신 투 나와라!**

◆ 비교급이 포함된 관용 표현 ② 출제 족보

① know better than to + **동사원형**: ~할 만큼 그렇게 어리석지는 않다

② more often than not: 가끔, 종종

③ much(still) more [긍정문] / much(still) less [부정문]: ~은 말할 것도 없이

④ **라틴 비교**: –or(senior, junior, superior, inferior 등) + to ~

비교급이 포함되어 직역하면 어색한 것들을 비교급이 포함된 관용 표현이라 한다. 독해 지문에서 사용될 경우 지문의 내용을 이해하기가 어려워 평소에 숙어처럼 암기해 두어야 한다.

(1) know better than to + **동사원형**: ~할 만큼 그렇게 어리석지는 않다

He knows better than to *quarrel*. (그는 말싸움할 만큼 그렇게 어리석지는 않다.)

= He is not so foolish as to quarrel.

(2) more often than not: 가끔, 종종

More often than not he ran away from home. (그는 가끔 가출했다.)

(3) much(still) more [긍정문] / much(still) less [부정문]: ~은 말할 것도 없이

He *can* speak French, much more English.

(그는 영어는 말할 것도 없이 불어도 말할 줄 안다.)

He *can't* speak English, much less French.

(그는 불어는 말할 것도 없이 영어도 말할 수 없다.)

(4) A is no more B than C is D: A가 B가 아닌 것은 C가 D가 아닌 것과 같다

A whale is no more *a fish* than a horse is (a fish).

(고래가 물고기가 아닌 것은 말이 물고기가 아닌 것과 같다.)

(5) 라틴 비교: −or(senior, junior, superior, inferior 등) + to ~

This is **superior to that.** (이것이 저것보다 낫다.)

Check-up

1 ~ 5

괄호 안에서 알맞은 것을 고르시오.

1. You are superior (to, than) him in learning.

2. I am inferior to (she, her) in English.

3. I don't like music, much (more, less) dancing.

4. She knows better than (marry, to marry) you.

5. He is no more a god than I (am, am not) a god.

6 ~ 10

우리말로 해석하시오.

6. I am no more mad than you.

7. More often than not Tom went out for a walk.

8. My dad knows better than to invest the firm.

9. She is junior to me by three years.

10. Everyone has a right to enjoy his liberty, still more his life.

＊문제 해결＊ 6. [A is no more B than C is D]는 'A가 B가 아닌 것은 C가 D가 아닌 것과 같다' 라는 뜻이다.

7. more often than not은 '가끔, 종종' 의 뜻이다.

8. [know better than to + 동사원형]은 '~할 만큼 그렇게 어리석지는 않다' 라는 뜻이다.

9. 라틴어 출신 비교급 −or(senior, junior, superior, inferior 등) 다음에는 비교급의 than 대신 to를 쓴다. to가 전치사이므로 다음에는 목적격이 와야 한다.

10. much(still) more는 긍정문에, much(still) less는 부정문에 쓰고, '~은 말할 것도 없이' 라는 의미를 지닌다.

＊어휘 해결＊ **mad** 미친 / **go for a walk** 산책하다, 산보하다 / **invest** 투자하다 / **firm** 회사 / **liberty** 자유

 정답 6. 내가 미치지 않은 것은 네가 미치지 않은 것과 같다. 7. Tom은 가끔 외출했다. 8. 나의 아버지는 그 회사에 투자할 만큼 그렇게 어리석지는 않다. 9. 그녀는 나보다 세 살 아래다(3년 후배이다). 10. 사람은 누구든지 자유를 누릴 권리가 있고 인생은 더욱 그렇다.

복수 형태를 한 명사들 잠깐! Check

단 어	뜻
sunglasses	선글라스, 색안경
supplies	보급품
surroundings	주변, 환경
trousers	바지
trunks	남성용 짧은 반바지
tweezers	족집게, 핀셋
underpants	팬티, 속바지
valuables	귀중품
whereabouts	소재, 행방

[1~4] 다음 ( ) 안에 알맞은 말을 넣으시오.

> He is the diligent boy in his class.

01 = He is ( ) diligent ( ) any other boy in his class.

02 = He is ( ) diligent ( ) all the other ( ) in his class.

03 = ( ) other boy in his class is so diligent ( ) he.

04 = ( ) other body in his class is more diligent ( ) he.

[5~8] 다음 문장들을 우리말로 해석하시오.

05 He can speak French fluently, much more English.

06 Nothing is more precious than time.

07 A home without love is no more a home than a body without a soul is a man.

08 She tried to look as charming as possible.

09 다음 밑줄 친 부분 중, 어법상 틀린 것은?

The sun happens to ①be hidden from us in the daytime when the moon is new and on the same side of the Earth as the sun. Even though the moon is ②many smaller than the sun, the moon is closer to the Earth, so it can completely block off the sun. People in certain areas of the Earth ③see a black disc in the sky. It has a ④beautiful halo of light around it. When the moon is not directly ⑤between the sun and the Earth, it darkens only part of the sun.

*halo (해, 달의) 무리, 후광

10 밑줄 친 부분 중, 어법이 잘못된 것끼리 짝지은 것은?

Last week there (A)was a head-on-collision at Huntington and Canton streets. Just a month ago a pedestrian (B)was struck there. Fortunately, she was only (C)slight injured. In the past year there have been more accidents there than (D)any other corners in the city. In fact, nearly 10 percent of all city accidents occur there. This intersection is dangerous, and a traffic signal should be installed there before a life is lost. I hope a responsible person (E)will listen to my words.

① (A), (B)　　　　　② (A), (E)

③ (B), (D)　　　　　④ (C), (D)

⑤ (C), (E)

Second Step 수식어구 관련 필수 문법요소

01 관계사

Case 37~43

1. 관계사

Case 37 – 관계대명사 who 계열과 which의 용법

비법 전수

선행사(명사)가 사람일 경우에 관계대명사는 who(주격), whose(소유격), whom(목적격)을 사용한다. 암기할 때에는 **'앞선(선행사) 사람은 후주(who, 주격) 훔목(whom, 목적격)이다!'** 라고 외치듯이 암기 한다: 앞선 사람은 후주 훔목이다!

◆ 관계대명사 who 계열과 which의 용법 출제 족보

① 선행사(사람) + who(whose, whom) + 불완전한 문장

② 선행사(사물) + which + 불완전한 문장

관계대명사는 문장과 문장을 이어주는 연결고리이다. 관계대명사 앞에는 항상 선행사(명사)가 존재한다 (단, what은 예외). 관계대명사의 종류를 결정하는 것은 앞에 있는 선행사이고, 격을 결정하는 것은 뒤에 이어지는 문장의 불완전한 요소이다. 예를 들면 주어가 없으면 주격 관계대명사를, 목적어가 없으면 목적격 관계대명사를 써야 한다. 선행사(명사)가 사람일 경우에 관계대명사는 who(주격), whose(소유격), whom(목적격)을 사용하고, 선행사(명사)가 사물일 경우에는 which(주격, 목적격), whose(소유격)를 쓴다.

(1) I like *the girl* who is sitting on the bench. (○) (나는 벤치에 앉아 있는 그 소녀를 좋아한다.)

I like *the girl* which is sitting on the bench. (×)

(2) Here is the girl whom I love. (나를 사랑하는 소녀가 여기에 있다.)

(3) This is the music which I like most. (이것은 내가 제일 좋아하는 음악이다.)

The man is carrying a bag which is very heavy.

(그 남자는 매우 무거운 가방을 운반하고 있다.)

(4) Look at the house whose roof is red. (지붕이 빨간 저 집을 보아라.)

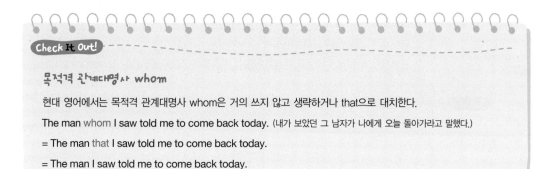

Check It Out!

목적격 관계대명사 whom

현대 영어에서는 목적격 관계대명사 whom은 거의 쓰지 않고 생략하거나 that으로 대치한다.

The man whom I saw told me to come back today. (내가 보았던 그 남자가 나에게 오늘 돌아가라고 말했다.)

= The man that I saw told me to come back today.

= The man I saw told me to come back today.

Check-up

1~5

다음 (   ) 안에 적당한 관계대명사를 써 넣으시오.

1. Here is a girl (   ) loves me.

2. She is a teacher (   ) I admire.

3. He keeps a dog (   ) barks fiercely.

4. Here is a book (   ) author is not known.

5. He said he was ill, (   ) was a lie.

＊전문 해석＊ 1. 여기에 나를 사랑하는 소녀가 있다.

2. 그녀는 내가 존경하는 선생님이다.

3. 그는 맹렬히 짖어대는 개를 기르고 있다.

4. 여기에 저자가 알려지지 않은 책이 있다.

5. 그는 아팠다고 했다, 그러나 그것은 거짓말이었다.

＊문제 해결＊ 1. 선행사가 사람(a girl)이고 주격인 관계대명사는 who이다.

2. 선행사가 사람(a teacher)이고 admire의 목적격 관계대명사는 whom이다.

3. 선행사가 사물(a dog)이고 주격인 관계대명사는 which이다.

4. 선행사가 사물(a book)이고 소유격 관계대명사는 whose이다.

5. 선행사가 앞 문장 전체이고 계속적 용법에 사용할 수 있는 관계대명사는 which이다.

 정답 1. who 2. whom 3. which 4. whose 5. which

---

6 ~ 10 ● ● ●

우리말과 같은 뜻이 되도록 빈칸에 알맞은 관계대명사를 쓰시오.

6. 너는 벤치에 앉아 있는 소녀를 아니?

→ Do you know the girl _____ is sitting on the bench?

7. 표지가 빨간 색인 책은 Tom의 것이다.

→ The book _____ cover is red is Tom's.

8. 저것은 내가 사고 싶었던 시계이다.

→ That is the watch _____ I wanted to buy.

9. 나는 그녀의 아버지가 가수인 소녀를 알고 있다.

→ I know a girl _____ father is a singer.

10. 이것은 네 어머니가 너에게 사 준 가방이니?

→ Is this the bag _____ your mother bought for you?

문제 해결 6. girl이 선행사, 동사 is가 나오므로 주격 관계대명사가 와야 한다.

7. book이 선행사, 뒤에 명사 cover가 나오므로 소유격 관계대명사가 와야 한다.

8. watch가 선행사, 뒤에 동사 buy의 목적어가 필요하므로 목적격 관계대명사가 와야 한다.

9. girl이 선행사, 뒤에 명사 father가 나오므로 소유격 관계대명사가 와야 한다.

10. 선행사가 bag, 동사 bought의 목적어가 필요하므로 목적격 관계대명사가 와야 한다.

어휘 해결 **cover** 표지

정답 6. who 7. whose 8. which 9. whose 10. which

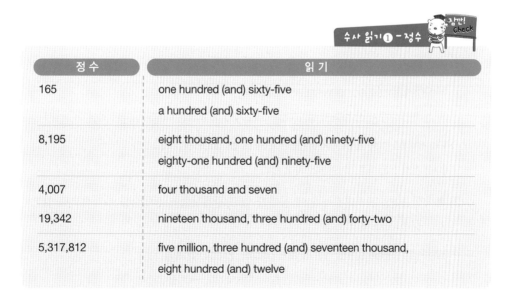

정수	읽기
165	one hundred (and) sixty-five a hundred (and) sixty-five
8,195	eight thousand, one hundred (and) ninety-five eighty-one hundred (and) ninety-five
4,007	four thousand and seven
19,342	nineteen thousand, three hundred (and) forty-two
5,317,812	five million, three hundred (and) seventeen thousand, eight hundred (and) twelve

Case 38 - 관계대명사의 두 가지 용법

비법 전수

관계대명사에는 두 가지 용법이 있다. 하나는 제한적(수식적) 용법이고 다른 하나는 계속적 용법이다. 암기할 때에는 '**관대사(관계대명사) 씨는 재수(제한적/수식적 용법)를 계속(계속적 용법)하는 편이 낫겠어요!**'라고 외우면 된다: 관대사 씨는 재수를 계속하는 편이 낫겠어요!

◆ 관계대명사의 두 가지 용법 출제 족보

① **제한적 용법**: 관계대명사 앞에 콤마가 없고 관계사절이 선행사를 직접 수식

② **계속적 용법**: 관계대명사 앞에 콤마가 있고 관계사절이 선행사를 부가적으로 설명

※ 관계대명사 that은 계속적 용법으로 사용할 수 없다.

관계대명사에는 두 가지 용법이 있다. 하나는 제한적(수식적) 용법이고 다른 하나는 계속적 용법이다. 관계대명사 앞에 콤마가 있느냐 없느냐가 제한적 용법과 수식적 용법을 구별하는 기준점이 된다. 없으면 제한적 용법으로 관계사절이 선행사를 직접 수식한다. 이때는 관계대명사절을 먼저 해석하는 것이 좋다. 반면에 콤마가 있으면 계속적 용법으로 관계사절이 선행사를 부가적으로 설명한다. 이때는 앞에서부터 차례대로 내려가면서 해석을 한다.

〈관계대명사의 두 가지 용법〉

(1) 제한적 용법: 관계대명사 앞에 콤마가 없고 관계사절이 선행사를 직접 수식

He has three sons who are pilots.

(그는 비행사가 된 세 아들이 셋 있다. → 비행사가 되지 않은 다른 아들들이 있을 수 있다.)

I want to buy a book which treats of modern war.

(나는 현대전을 다룬 책 한 권을 사고 싶다.)

(2) 계속적 용법: 관계대명사 앞에 콤마가 있고 관계사절이 선행사를 부가적으로 설명하고 [접속사 + 대명사]로 대치 가능

He has three sons, who are pilots. (=and they)

(그는 아들이 셋 있는데, 그들은 모두 비행사가 되었다. → 아들은 셋뿐이다.)

I want to buy this book, which treats of modern war. (=because it)

(나는 이 책을 사고 싶다. 왜냐하면 이 책은 현대전을 다루고 있기 때문이다.)

Check It Out!

관계대명사 that은 계속적 용법으로 사용할 수 없다.

The chicken is mine which is going to go to a streamside now. (O)

The chicken is mine, that is going to go to a streamside now. (×)

(저 닭은 내 것인데, 지금 냇가로 가려고 한다.)

Check-up

1 ~ 2

두 문장의 차이를 생각하여 우리말로 옮기시오.

1.
① Mr. Kim has two sons who are doctors.
② Mr. Kim has two sons, who are doctors.

2.
① I have five friends who can speak English well.
② I have five friends, who can speak English well.

＊문제 해결＊ 　1, 2. 관계대명사의 두 가지 용법 중에 제한적 용법은 관계대명사 앞에 콤마가 없고 관계사절이
선행사를 직접 수식하는 것을 말한다. 계속적 용법은 관계대명사 앞에 콤마가 있고 관계사절이
선행사를 부가적으로 설명한다.

3 ~ 6

두 문장이 같은 뜻이 되도록 빈칸에 알맞은 말을 쓰시오.

3. He bought a new car, which was very expensive.

= He bought a new car, _____ _____ was very expensive.

4. Everyone likes Jane, who is pretty and kind.

= Everyone likes Jane, _____ _____ is pretty and kind.

5. I bought a book, which I found boring.

= I bought a book, _____ I found _____ boring.

6. I have two daughters, who are studying Chinese.

= I have two daughters, _____ _____ are studying Chinese.

＊전문 해석＊ 3. 그는 새 차를 샀는데 그것은 매우 비쌌다.
4. 모든 사람들은 Jane을 좋아하는데 그녀가 예쁘고 친질하기 때문이다.
5. 나는 책 한 권을 샀는데, 그것이 지루하다는 것을 알았다.
6. 나는 딸이 둘 있는데 그들은 모두 중국어를 공부한다.

＊문제 해결＊ 3~6. 관계대명사 계속적 용법은 [접속사＋대명사]로 대치가 가능하다. 글의 흐름에 적절한 접속사와 대명사를 사용하면 된다.

＊어휘 해결＊ **boring** 지루한

정답 3. and it 4. for(because) she 5. but, it 6. and they

비법 전수

관계대명사 that만을 사용하는 경우는 선행사에 [최상급, 서수, 의문사, very, some, only, 사람과 사물의 중복]이 있는 때이다. 암기할 때에는 '**선행상(선행사) 표창은 최서의(최상급, 서수, 의문사) 군과 배삼오 (very, same, only) 군이 중복 추천되었다!**'라고 외운다: 선행상 표창은 최서의 군과 배삼오 군이 중복 추천되었다!

◆ 관계대명사 that 출제 족보

▶ 관계대명사 that만을 쓰는 경우

① 최상급, 서수사, all, every, any, the only, the very, the same 선행사 + that(관계대명사)

② 선행사(사람과 동물, 사람과 사물) + that(관계대명사)

▶ 관계대명사 that을 사용할 수 없는 경우

① 전치사 + that

② **계속적 용법**: 콤마 + that

관계대명사 **that**만을 쓰는 경우는 [최상급, 서수사, all, every, any, the only, the very, the same] 처럼 명확하게 한정하는 말이 나올 때와 선행사가 '사람과 동물', '사람과 사물'로 섞여 있을 때이다. 반면에 관계대명사 **that**을 사용할 수 없는 경우는 첫째 전치사와 **that**이 나란히 쓰일 때, 둘째 계속적 용법으로 쓰일 때이다.

(1) Dick is *the only* friend that I have. (Dick은 나의 유일한 친구이다.)

(2) He spoke of *the men and the animals* that he had seen.

(그는 그가 본 사람들과 동물들에 대해 말했다.)

(3) He knows many things of that we are ignorant. (×)

He knows many things of which we are ignorant. (○)

(그는 우리가 알지 못하는 많은 것을 알고 있다.)

(4) He stole a purse, that was empty. (×)

He stole a purse, which was empty. (○) (그는 지갑을 훔쳤는데, 그것은 비어 있었다.)

관계대명사 that과 접속사 that의 구별

① 선행사(명사) + that 불완전한 문장(주어나 목적어가 없는 문장): 관계대명사

   This is the hat that is very expensive. [관계대명사] (이것은 아주 비싼 모자이다.)

② 동사 + that 완전한 문장: 접속사

   I think that she is honest. [접속사] (나는 그녀가 정직하다고 생각한다.)

Check-up

1 ~ 5

다음 문장에서 <u>틀린</u> 부분을 고치시오.

1. She is the first person who climbed the Mt. Everest.

2. Look at the girl and her dog which are crossing the road.

3. She is the greatest actress who has ever lived.

4. This is the pen with that she wrote her manuscripts.

5. Ted told me about his new job, that he's enjoying very much.

＊전문 해석＊
1. 그녀는 Everest 산을 등반한 첫 번째 사람이다.
2. 길을 건너는 그 소녀와 그녀의 개를 보아라.
3. 그녀는 전대미문의 명배우다.
4. 이 펜이 그녀가 원고를 쓸 때 사용했던 그 펜이다.
5. Ted는 그의 새 직업에 대해 이야기했는데, 그는 그것을 매우 좋아하고 있다.

＊문제 해결＊
1. 선행사에 서수(the first)가 붙어 있을 경우에는 관계대명사는 that만을 쓴다.
2. 선행사가 [사람 + 사물]인 경우에 관계대명사는 that을 쓴다.

3. 선행사에 최상급(the greatest)이 붙어 있을 경우 관계대명사는 that만을 쓴다.

4. 관계대명사 that 앞에는 전치사를 쓸 수 없으므로 전치사를 맨 뒤로 돌리거나 that 대신 which를 사용해야 한다.

5. 관계대명사 that은 계속적 용법으로 쓸 수 없다.

＊어휘 해결＊ **manuscript** 원고

 정답 1. who → that 2. which → that 3. who → that 4. that → which or This is the pen that she wrote her manuscripts with. 5. that → which

6 ~ 10 • • •

다음 문장들의 밑줄 친 부분이 어법에 맞으면 ○표, 맞지 않으면 ×표 하시오.

6. This is the house <u>which</u> she lives in. (　　)

7. This is the house <u>in which</u> she lives. (　　)

8. This is the house <u>that</u> she lives in. (　　)

9. This is the house <u>in that</u> she lives. (　　)

10. This is the house <u>she lives in</u>. (　　)

＊전문 해석＊ 6~10. 이곳이 그녀가 살고 있는 집이다.

＊문제 해결＊ 6, 8. 선행사가 사물이므로 관계대명사는 which나 that을 사용할 수 있다.

7. which를 쓸 경우 전치사를 관계대명사 앞에 두어 [전치사＋관계대명사] 형태로 쓸 수 있다.

9. 관계대명사 that 앞에는 전치사를 쓸 수 없다.

10. 전치사 in의 목적격 관계대명사는 생략할 수 있다.

정답 6. ○ 7. ○ 8. ○ 9. × 10. ○

Case 40 - 선행사를 포함하는 관계대명사 what의 용법

비법 전수

관계대명사 what은 선행사를 포함하고 있다는 점이 다른 관계대명사들과 구별되지만, 뒤에 이어지는 문장이 불완전한 문장이라는 것은 공통점이다. 암기할 때에는 '관계대명사 what을 불문과(불완전한 문장)라고 선포(선행사 포함)합니다!' 라고 외치듯이 외운다: 관계대명사 what을 불문과라고 선포합니다!

◆ 선행사를 포함하는 관계대명사 what의 용법 출제 족보

동사(전치사) + ~~선행사(명사)~~ + <u>what</u> + 불완전한 문장(주어나 목적어가 없는 문장)
 ↓
= the thing(s) that(which)

관계대명사 what은 선행사를 포함하고 있다. 그러므로 what 앞에는 선행사(명사)가 없는 큰 특징이 있고, 이것이 다른 관계대명사(who, which, that 등)와 구별되는 점이다. 선행사를 포함하고 있는 **what**은 명사절을 유도하고 주어나 목적어로 쓰이며 소유격은 없다. 해석은 '~하는 것(들)' 로 한다. 하지만 다른 관계대명사와 공통점은 뒤에 이어지는 문장은 불완전한 문장이라는 것이다.

(1) When I returned home, I found that all knew which I had done. (×)

When I returned home, I found that all knew what I had done. (○)

(내가 집에 돌아왔을 때 모든 사람들이 내가 했던 것을 알고 있다는 사실을 발견했다.)

(2) I know that you did last summer. (×)

I know what you did last summer. (○)

(나는 네가 지난여름에 한 일을 알고 있다.)

(3) That happened yesterday has nothing to do with him. (×)

What happened yesterday has nothing to do with him. (○)

(어제 일어난 일은 그와는 전혀 관계가 없다.)

(4) I can't give her which she really wants to have. (×)

I can't give her what she really wants to have. (○)

(나는 그녀에게 그녀가 진정 원하는 것을 줄 수 가 없다.)

관계대명사 what과 의문사 what의 차이

의문사 what은 '무엇'이라는 의미로 의문문을 만들지만, 관계대명사 what은 두 문장을 연결하는 연결사로 선행사를 포함하고 있고 '~한 것'이라는 의미를 갖는다.

What did you buy? [의문대명사 → 무엇] (당신은 무엇을 샀습니까?)

Please show me what you bought. [관계대명사 → ~한 것] (당신이 산 것을 보여주십시오.)

Check-up

1~5

괄호 안에서 알맞은 관계대명사를 고르시오.

1. Show me (that, what) is in your pocket.

2. This is the thing (that, what) I wanted to buy.

3. I can't believe (that, what) he said.

4. (That, What) life will develop on a favorable environment is probable.

5. (That, What) he told me yesterday turned out to be a lie.

＊전문 해석＊
1. 너의 주머니 안에 있는 것을 나에게 보여 주어라.
2. 이것은 내가 사기를 원했던 것이다.
3. 나는 그가 말했던 것을 믿을 수 없다.
4. 생명이 알맞은 환경에서 진화하는 것은 가능하다.
5. 그가 어제 나에게 이야기 했던 것은 거짓으로 드러났다.

＊문제 해결＊
1~5. 관계대명사 what은 선행사를 포함하고 있다는 점이 다른 관계대명사들과 구별되지만, 뒤에 이어지는 문장이 불완전한 문장이라는 것은 공통점이다. 반면에 관계대명사 that은 선행사가 있고, 뒤에 불완전한 문장이 따른다.

6 ~ 8 ● ● ●

틀린 부분을 찾아 바르게 고쳐 쓰시오.

6. That I saw in the mountain was something like a bear.

7. I gave him which I had with me.

8. I can't give her a present what I quit smoking.

✱전문 해석✱ 6. 내가 산에서 보았던 것은 곰과 같은 것이었다.
7. 나는 그에게 내가 가지고 있던 모든 것을 주었다.
8. 나는 그녀에게 금연이라는 선물을 줄 수가 없다.

✱문제 해결✱ 6, 7. 관계대명사 what은 선행사를 포함하고 있다는 점이 다른 관계대명사들과 구별되지만, 뒤에 이어지는 문장이 불완전한 문장이라는 것은 공통점이다. 반면에 관계대명사 that은 선행사가 있고, 뒤에 불완전한 문장이 따른다.
8. what 이하가 완전한 문장(I가 주어, quit이 동사, smoking이 목적어)이므로 관계대명사가 들어갈 자리가 아니고 접속사 that이 필요하다.

✱어휘 해결✱ **quit** 끊다, 그만두다

🖊정답 6. That → What 7. which → what 8. what → that

밑줄 친 부분의 의미 차이를 생각하여 주어진 문장을 우리말로 옮기시오.

9. <u>What</u> did you say?

10. This is <u>what</u> he gave me last night.

＊문제 해결＊ 의문사 what은 '무엇'이라는 의미로 의문문을 만들지만, 관계대명사 what은 두 문장을 연결하는 연결사로 선행사를 포함하고 있고 '~한 것'이라는 의미를 갖는다.

정답 9. 너는 뭐라고 말했니? 10. 이것은 그가 어젯밤 내게 준 것이다.

수사 읽기❷ - 연도 잠깐! Check

연 도	읽 기
1881	eighteen eighty-one
1700	seventeen hundred
1007	one thousand and seven
814	eight fourteen
109	one hundred and nine
357 B.C.	three fifty-seven B.C. (기원전 357년)
1970s	the nineteen seventies (1970년대)

비법 전수

관계대명사를 생략할 수 있는 경우는 타동사의 목적격 관계대명사, 전치사의 목적격 관계대명사, 보어가 되는 주격 관계대명사이다. 암기할 때는 **'관계대명사를 생략할 때 타목(타동사의 목적격), 전목(전치사의 목적격)을 잘 보아(보어)라!'** 라고 외운다. 관계대명사를 생략할 때 타목, 전목을 잘 보아라!

◆ 관계대명사의 생략 출제 족보

▶ 관계대명사를 생략할 수 있는 경우

① 타동사의 목적격 관계대명사

② 전치사의 목적격 관계대명사

③ 보어가 되는 주격 관계대명사

관계대명사는 [접속사 + 대명사]의 기능을 동시에 수행하지만 문장을 간결하게 하기 위해 다음과 같은 경우에는 생략하여 쓸 수도 있다. 타동사의 목적격 관계대명사, 전치사의 목적격 관계대명사, 보어가 되는 주격 관계대명사, [주격 관계대명사 + be동사]의 경우 관계대명사를 생략해도 된다.

〈관계대명사의 생략〉

(1) 타동사의 목적격 관계대명사

   She is the girl (whom) I *know* well. (그녀는 내가 잘 알고 있는 소녀이다.)

   This is the English-Korean dictionary (which) I *bought* a week ago.

   (이 사전이 일주일 전에 내가 샀던 그 영한사전이다.)

(2) 전치사의 목적격 관계대명사

   The chair (which) he is sitting *on* is broken. (그가 앉아 있는 의자는 부서졌다.)

   The girl (whom) I spoke *to* was my cousin. (내가 말을 건 그 소녀는 내 사촌이었다.)

   [주의] The chair on which he is sitting is broken.
   → 목적격 관계대명사가 [전치사 + 관계대명사]로 쓰였을 경우에는 생략 불가능

(3) 보어가 되는 주격 관계대명사

He is not the stubborn master (that) he used to *be*.

(그는 과거의 그 완고한 주인이 아니다.)

You are never the girl (that) I thought you (*to be*).

(너는 내가 생각했던 그런 여자가 결코 아니다.)

(4) 주격 관계대명사 + be동사

Do you know the boy (who is) sitting on the bench?

(벤치에 앉아있는 저 소년을 아니?)

This is the book (which was) written by Mr. Lee. (이것은 이 선생님이 쓰신 책이다.)

Check It Out!

생략할 수 없는 관계대명사

① 계속적 용법: 계속적 용법을 생략하면 접속사마저 없어져 문장의 성립이 안 된다.

He gave me this book, which is very interesting. (그는 나에게 이 책을 주었는데, 그것은 대단히 재미있다.)

② 관계대명사 what

I gave her what she wanted. (나는 그녀에게 그녀가 원하는 모든 것을 주었다.)

③ 시간 · 장소 · 부분을 가리키는 관계대명사

I don't know *the exact time* at which it happened. (나는 그것이 발생했던 정확한 시간을 모른다.)

This is *the village* in which I was born. (여기가 내가 태어난 마을이다.)

1 ~ 5 ● ● ●

생략할 수 있는 부분에 괄호를 치시오.

1. This is the doll which she made.

2. The man who is wearing glasses is my father.

3. The bag which is on the table is mine.

4. I bought the same watch that Tom has.

5. She is not the cheerful woman that she was before she married.

＊전문 해석＊
1. 이것은 그녀가 만든 인형이다.
2. 안경을 쓰고 있는 남자가 나의 아버지이다.
3. 테이블 위에 있는 가방은 내 것이다.
4. 나는 Tom이 가지고 있는 것과 같은 시계를 가지고 있다.
5. 그녀는 결혼하기 전과 같은 쾌활한 여자는 아니다.

＊문제 해결＊
1~5. 관계대명사는 문장을 간결하게 하기 위해 생략하여 쓸 수도 있다. 타동사의 목적격 관계대명사, 전치사의 목적격 관계대명사, 보어가 되는 주격 관계대명사, [주격 관계대명사＋be동사]의 경우 관계대명사를 생략해도 된다.

＊어휘 해결＊ **glasses** 안경 / **cheerful** 쾌활한, 활달한

정답 1. which 2. who is 3. which is 4. that 5. that

다음 두 문장을 관계대명사를 사용하여 한 문장으로 결합하시오.

6. This is the house.

She lives in it.

7. He is the man.

We are ignorant of him.

8. The hotel commanded a fine view.

I stayed at the hotel.

＊전문 해석＊ 6. 이곳은 그녀가 사는 집이다.

7. 그는 우리가 모르는 사람이다.

8. 내가 묵었던 그 호텔은 전망이 매우 좋다.

＊문제 해결＊ 6. 선행사가 the house(사물)이고 전치사 in의 목적격 관계대명사가 필요하다. 그런데 전치사는 관계대명사 앞으로 옮겨 놓을 수 있고, 목적격 관계대명사는 생략할 수도 있다.

7. 선행사가 the man(사람)이고 전치사 of의 목적격 관계대명사가 필요하다. 그런데 전치사는 관계대명사 앞으로 옮겨 놓을 수 있고, 목적격 관계대명사는 생략할 수도 있다.

8. 선행사가 the hotel(사물)이고 전치사 at의 목적격 관계대명사가 필요하다. 그런데 전치사는 관계대명사 앞으로 옮겨 놓을 수 있고, 목적격 관계대명사는 생략할 수도 있다.

정답 6. This is the house which(that) she lives in.(=This is the house in which she lives. =This is the house she lives in.) 7. He is the man whom(that) we are ignorant of.(= He is the man of whom we are ignorant. =He is the man we are ignorant of.) 8. The hotel which(that) I stayed at commanded a fine view.(=The hotel at which I stayed commanded a fine view. =The hotel I stayed at commanded a fine view.)

Case 42 – 관계부사

관계부사도 관계대명사와 마찬가지로 문장과 문장을 이어주는 연결고리이다. 하지만 관계부사 뒤에는 완전한 문장이 온다. 암기할 때에는 **'관계부사는 완전한(완전한 문장) 놈입니다!'** 라고 외친다: 관계부사는 완전한 놈입니다!

◆ 관계부사 출제 족보

선행사(명사) + 관계부사(where, when, why, how) + 완전한 문장

관계부사도 관계대명사와 마찬가지로 문장과 문장을 이어주는 연결고리이다. 관계부사 앞에는 항상 선행사(명사)가 존재한다. 관계부사의 종류를 결정하는 것은 앞에 있는 선행사이다. 주의해야 할 것은 관계대명사에 이어지는 문장은 불완전한 문장이지만 관계부사 뒤에 이어지는 문장은 완전한 문장이라는 점이다. 이것이 바로 시험에 자주 출제되는 관계대명사와 관계부사의 차이점이다.

(1) 선행사가 장소일 때: where

This is *the house* where the writer was born. (이 집이 그 작가가 태어난 집이다.)

This is *the office* where I work. (여기가 내가 근무하는 사무실이다.)

(2) 선행사가 시간(때)일 때: when

I know *the time* when Miss Kim will arrive. (나는 김 양이 도착할 시간을 안다.)

I'm looking forward to *the day* when I shall see you again.

(나는 당신을 다시 만날 그날을 손꼽아 기다리고 있다.)

(3) 선행사가 이유일 때: why

That is *the reason* why he was fired. (그것이 그가 해고당한 이유이다.)

The reason why he was late is that his mother was ill.

(그가 늦은 이유는 그의 어머니께서 아프셨기 때문이다.)

(4) 선행사가 방법일 때: how

Please tell me **how** you solved the problem.

(네가 그 문제를 풀었던 방법을 나에게 말해 주시오.)

Check It Out!

관계부사를 대신하는 that의 용법

관계부사로서 where, when, why, how 대신에 쓸 수 있지만 실제로는 when의 용례가 가장 많다.

① The night that(=when) I went to Wien was very hot. (내가 빈에 갔던 그날 밤은 무척 더웠다.)

② That is the reason that(=why) he was dismissed. (그것이 그가 해고된 이유이다.)

Check-up

1~5

괄호 안에서 알맞은 관계사를 고르시오.

1. That is the place (which, where, when) we can play.

2. I remember the day (which, where, when) my son was born.

3. Do you know the reason (which, when, why) she is crying?

4. Tell me (what, how, which) you won the prize.

5. There are times (which, where, when) joking is not permissible.

＊전문 해석＊ 1. 이곳은 우리가 놀 수 있는 장소이다.
2. 나는 내 아들이 태어난 날을 기억한다.

3. 너는 그녀가 울고 있는 이유를 아니?

4. 네가 어떻게 해서 그 상을 받았는지 나에게 말해라.

5. 농담을 해서는 안 될 때가 있다.

1~5. 선행사(명사)가 장소(the place, the house)일 경우에 관계부사는 where를 사용하고, 선행사(명사)가 때(the time, the day)일 경우에는 when, 이유(the reason, the cause)일 때는 why, 방법(the way, the manner)일 경우에는 how를 쓴다. 관계부사는 부사를 대신하므로 격은 없고, 선행사에 따라 관계부사가 결정된다.

permissible 허용할 수 있는

정답 1. where 2. when 3. why 4. how 5. when

6~9 ● ● ●

두 문장을 관계부사를 사용하여 한 문장으로 바꾸어 쓰시오.

6. This is the house. He lives in the house.

→ This is the house _____ he lives.

7. Summer is a season. We can go to the beach in this season.

→ Summer is a season _____ we can go to the beach.

8. I don't know the reason. He went away for that reason.

→ I don't know the reason _____ he went away.

9. This is the way. He walks in this way.

→ This is _____ he walks.

6. 이 집은 그가 사는 곳이다.

7. 여름은 우리가 해변에 갈 수 있는 계절이다.

8. 나는 그가 떠난 이유를 모르겠다.

9. 그는 이렇게 걷는다.

＊문제 해결＊ 6~9. 선행사(명사)가 장소(the place, the house)일 경우에 관계부사는 where를 사용하고, 선행사(명사)가 때(the time, the day)일 경우에는 when, 이유(the reason, the cause)일 때는 why, 방법(the way, the manner)일 경우에는 how를 쓴다. 관계부사는 부사를 대신하므로 격은 없고, 선행사에 따라 관계부사가 결정된다.

정답 6. where 7. when 8. why 9. how

수사 읽기 ❸ - 날짜/시각

잠깐!
Check

날짜/시각	읽 기
7월 14일	the fourteenth of July July fourteen July the fourteenth
7:15	seven fifteen a quarter past(after) seven
5:30	five thirty half past(after) five
11:45	eleven forty-five a quarter to(before) twelve
11:00	eleven o'clock(sharp)

Case 43 – 복합관계사

복합관계사는 [관계사 + -ever]의 형태로, any의 뜻을 갖거나 양보절을 이끌며, 선행사의 역할을 겸한다. 암기할 때에는 **'복합관(복합관계사)에 들어갈 애니(any)콜을 양보(양보절)해 줘라! 제발!'** 이라고 외운다: 복합관에 들어갈 애니 콜을 양보해 주러! 제발!

◆ **복합관계사 출제 족보**

① **복합 관계대명사:** [관계대명사 + -ever]의 형태로 '어떤 ~라도(=any)'라는 뜻을 갖고 선행사를 포함한다.

② **복합 관계부사:** [관계부사 + -ever]의 형태로 부사절을 이끈다.

복합관계사는 [관계사 + -ever]의 형태로, any의 뜻을 갖거나 양보절을 이끌며, 선행사의 역할을 겸한다. 복합관계사의 글자 그대로의 뜻은 관계사(관계대명사, 관계부사)에 **ever**가 합쳐서 만들어졌다는 것이다.

(1) **복합 관계대명사:** [관계대명사 + -ever]의 형태로 '어떤 ~라도(=any)'라는 뜻을 갖고 선행사를 포함한다.

① 명사절을 이끌 때

Give it to whoever(=anyone who) wants it. (원하는 사람은 누구에게나 그것을 주어라.)

Choose whichever(=anything which) you like.

(네가 좋아하는 것은 어떤 것이든 선택해라.)

② 부사절을 이끌 때

Whatever you say, I'll not listen to you.

(네가 무슨 말을 하더라도 나는 너의 말을 듣지 않을 것이다.)

= No matter what you say, I'll not listen to you.

(2) **복합 관계부사:** [관계부사 + -ever]의 형태로 부사절을 이끈다.

Come to see me **whenever** you like. (네가 원할 때는 언제든지 나를 보러 와라.)

= Come to see me **at any time when** you like.

However humble it may be, there is no place like home.

(아무리 보잘 것 없다 해도, 집과 같은 장소는 없다.)

= **No matter how** humble it may be, there is no place like home.

Check It Out!

whatever의 주의 용법

부정문, 의문문 따위에서 부정의 의미를 강조하는 at all(조금도, 전혀)의 의미로 쓰인다.

① There can be no doubt whatever about them *at all*. (그들에 관하여는 전혀 어떤 의심이 있을 수 없다.)

② Is there any hope whatever? (조금이라도 희망이 있습니까?)

Check-up

1 ~ 5

밑줄 친 관계사를 올바르게 고쳐 쓰시오.

1. You can invite <u>whichever</u> you like.

2. I will keep my promise, <u>whichever</u> happens.

3. He told the story <u>whomever</u> wanted to listen.

4. <u>Whomever</u> comes late will be scolded.

5. <u>Whenever</u> late I may go to bed, I get up early next morning.

1. 네가 좋아하는 사람은 누구든지 초대해도 좋다.

2. 나는 어떤 일이 일어나더라도 약속을 지키겠다.

3. 그는 듣고 싶은 사람에게는 누구든지 그 이야기를 말 해 주었다.

4. 늦게 오는 사람은 누구든지 꾸중을 들을 것이다.

5. 아무리 늦게 잠자리에 들어도 나는 다음날 아침 일찍 일어난다.

✱문제 해결✱ 1. like의 목적격 복합 관계대명사가 필요하므로 whomever가 올바르다.

2. 내용상 '~한 무엇이든지'의 의미를 갖는 복합 관계대명사가 필요하므로 whatever가 알맞다.

3. wanted의 주어 역할을 하는 사람을 나타내는 복합 관계대명사가 필요하므로 whoever가 알맞다.

4. comes의 주어 역할을 하는 사람을 나타내는 복합 관계대명사가 필요하므로 whoever가 알맞다.

5. 내용상 '아무리 ~한다 해도'라는 양보의 부사절을 유도하는 복합 관계부사가 필요하므로 however가 알맞다.

✱어휘 해결✱ **keep one's promise** 약속을 지키다 / **scold** 꾸중을 하다, 비난하다

정답 1. whomever 2. whatever 3. whoever 4. Whoever 5. However

6~9

빈칸에 알맞은 말을 [보기]에서 고르시오.

| 보기 | ① whenever ② whoever ③ wherever ④ whatever ⑤ however

6. _____ comes first will be served first. (   )

7. He does _____ he wants. (   )

8. Please call _____ you are free. (   )

9. Children will play _____ there's no traffic. (   )

✱전문 해석✱ 6. 먼저 오는 사람은 누구든지 먼저 대접을 받을 것이다.

7. 그는 원하는 것은 무엇이든지 한다.

8. 네가 한가할 때 언제든지 전화해라.

9. 아이들은 차가 없는 곳은 어디서든지 놀 것이다.

＊문제 해결＊ 6. 내용상 '누구든지' 라는 의미를 갖는 복합 관계대명사는 whoever이다.

7. 내용상 '무엇이든지' 라는 의미를 갖는 복합 관계대명사는 whatever이다.

8. 내용상 '언제든지' 라는 의미를 갖는 복합 관계부사는 whenever이다.

9. 내용상 '어디서든지' 라는 의미를 갖는 복합 관계부사는 wherever이다.

＊어휘 해결＊ **serve** 봉사하다

 6. ② 7. ④ 8. ① 9. ③

수사 읽기 ④ - 전화번호

전화번호	읽 기
553-6570	five five three six five seven O[ou]
719-2289	seven one nine double two eight nine
	seven one nine two two eight nine

[1~2] 밑줄 친 (A), (B), (C)에서 어법에 맞는 표현을 골라 짝지은 것으로 가장 적절한 것을 고르시오.

01

There are many factors (A)<u>who/which</u> contribute to student success in college. The first factor for success is having a goal in mind before establishing a course of study. The goal may be as (B)<u>general/generally</u> as wanting to better educate oneself for the future. A more specific goal would be to earn a teaching credential. A second factor related to student success is self-motivation and commitment. A student (C)<u>who/which</u> wants to succeed and works toward that desire will find success easily as a college student.

	(A)	(B)	(C)
①	who	general	who
②	who	generally	which
③	which	general	which
④	which	generally	which
⑤	which	general	who

02

If you have a bad self-image, you will have to put up with all (A)<u>kind/kinds</u> of garbage and abuse from everyone. In the back of your mind will be thoughts like, "I don't matter much," "It's only me," and "I have always (B)<u>treated/been treated</u> badly. Maybe I deserve it!" You may ask, "How long will I have to put up with mistreatment?" The answer is, "As long as you have a bad opinion of yourself." People treat us the way we treat ourselves. Those with (C)<u>whom/that</u> we associate quickly assess how we respect ourselves. If we treat ourselves with respect, they will follow suit!

	(A)	(B)	(C)
①	kind	treated	whom
②	kinds	been treated	whom
③	kinds	treated	whom
④	kind	been treated	that
⑤	kind	treated	that

03 다음 밑줄 친 부분 중, 어법상 <u>틀린</u> 것은?

①<u>As</u> civilization grows, more and different pollutants are being dumped into the seas. Still, this pollution does not really ②<u>threaten</u> the marine environment. The seas seem capable of coping with ③<u>whomever</u> people can throw at them. This situation is changing, however, with the onset of ④<u>industrialization</u>. Now, factories are beginning ⑤<u>to dump</u> enormous quantities of materials into the seas. Especially in some coastal areas near large cities, ocean pollution is beginning to threaten marine life.

04 밑줄 친 부분 중, 어법이 잘못된 것끼리 짝지은 것은?

Storms affect birds in a variety of ways. When a storm is approaching, birds may stop (A)<u>to fly</u> and rest on nearby trees. If the coming storm is (B)<u>a severe one</u>, the birds may fly off to an area (C)<u>which</u> the weather is clear. Birds may appear (D)<u>uneasy and nervous</u> when a storm is on its way. They might become noisier. When a snowstorm is coming, birds may eat more, too. They seem to realize that food might be (E)<u>difficult to get</u> for a while.

① (A), (C)　　　　　② (A), (E)
③ (B), (D)　　　　　④ (C), (D)
⑤ (B), (E)

[5~6] 다음 글을 읽고, 물음에 답하시오.

The word breakfast means the 'breaking' of a 'fast.' It describes the purpose of the first meal of the day, ___(A)___ when your body has been without nourishment for about twelve hours. You need a big breakfast to make you active during the day. At night, when you are going to sleep, you need less food. Eating a big breakfast of whole grains and fruit not only boosts your energy levels; it also improves your mood and concentration.

There is an old saying, that we should breakfast like kings, lunch like princes, and dine like paupers to be healthy. But ___(B)___ in the importance of a big breakfast, and some think we should eat small, low-fat meals five or six times a day. What experts do agree on is the importance of eating breakfast. For the rest of the day, what you eat is more important than when you eat it.

05 위 글의 빈칸 (A)와 (B)에 적절한 것끼리 짝지은 것은?

	(A)	(B)
①	which eats	not all nutritionists believe
②	which is eaten	not all nutritionists believe
③	which is eaten	all believe nutritionists
④	that is eaten	all believe nutritionists
⑤	that eats	all nutritionists believe

06 위 글을 쓴 목적으로 가장 적절한 것은?

① to invite   ② to inform

③ to criticize   ④ to advertise

⑤ to complain

Second Step 수식어구 관련 필수 문법요소

02 전치사

Case 44~51

2. 전치사

Case 44~51

Case 44 – 전치사 to

비법 전수

전치사 to는 '비교, 목적, 소유, 방향, 수반, 일치, 부정사, 시간, 범위, 대응, 기준, 대면, 결과' 등에 쓰이는데, 첫 글자를 조합하여 '**비목 부른 소방수 일부 시범 대기**하여 **대결하자**'로 암기한다. 비목 부른 소방수 일부 시범 대기하여 대결하자!

◆ 전치사 to 출제 족보

전치사 to는 비교, 목적, 소유, 방향, 수반, 일치, 부정사, 시간, 범위, 대응, 기준, 대면, 결과를 표현하는데 쓰임

전치사 to는 비교, 목적, 소유, 방향, 수반, 일치, 부정사, 시간, 범위, 대응, 기준, 대면, 결과 등에 쓰인다.

(1) 비교 (~보다)

He is two years senior to me. (그는 나보다 두 살 위다.)

(2) 목적 (~을 위하여)

He came to my rescue. (그는 나를 구하기 위해서 왔다.)

(3) 소유 (~에게)

It belongs to me. (그것은 내 것이다.)

(4) 방향 (~로)

turn **to** the right (오른쪽으로 돌다)

(5) 수반 (~에 따라)

We danced **to** the music. (우리는 음악에 따라 춤을 추었다.)

(6) 일치 (~에 맞추어)

The suit was made **to** order. (이 양복은 맞춤옷이다.)

(7) 부정사 (to + 동사원형)

We came **to** study English. (우리는 영어를 공부하러 왔다.)

(8) 시간

a quarter **to** seven (7시 15분전)

(9) 범위 (~까지)

be rotten **to** the heart (중심부까지 썩다)

(10) 대응 (~에 대해)

The eyes react **to** light. (눈은 빛에 대하여 반응한다.)

(11) 기준 (~에게)

It is nothing **to** me. (그것은 내게는 아무 것도 아니다.)

(12) 대면

face **to** face (서로 마주 보고)

(13) 결과 (~하게도, ~한 결과)

To my surprise, he was not dead. (놀랍게도 그는 죽지 않았다.)

He was frozen **to** death. (그는 동사했다.)

He worked hard **to** no purpose. (그는 열심히 일했지만 헛일이었다.)

전치사와 부사 그리고 접속사의 구별

전치사는 반드시 목적어가 있지만 부사는 목적어가 없으며, 접속사는 뒤에 [주어＋동사]가 따라 나온다. 형태는 같지만 각각의 실체와 위상 그리고 내용은 다르다.

① He arrived soon after. [부사: 목적어가 없다] (그는 바로 직후에 도착했다.)

The lost child was found after two days. [전치사: two days가 목적어] (그 실종된 아이는 이틀 후 발견되었다.)

I'll go to bed after I finish studying. [접속사: 주어(I)와 동사(finish)가 따라 나옴] (공부를 마저 끝내고 잠자리에 들겠습니다.)

② Put your cap on the table. [전치사: the table이 목적어] (모자를 탁자 위에 놓으시오.)

Put your cap on. (=Put on your cap.) [부사: your cap은 on의 목적어가 아니라 타동사 put의 목적어] (모자를 쓰시오.)

Check-up

1~5

밑줄 친 전치사 to의 의미를 [보기]에서 고르시오.

| 보기 | ① 비교   ② 목적   ③ 소유   ④ 수반   ⑤ 결과

1. The cup was broken to pieces. (   )

2. Your trouble is nothing to mine. (   )

3. Let's drink a toast to your success. (   )

4. I have lost a key to my room. (   )

5. We sang and danced to the music through the night. (   )

＊전문 해석＊   1. 그 컵은 산산조각으로 깨졌다.
2. 너의 고통은 내 고통에 비하면 아무것도 아니다.

3. 당신의 성공을 위해서 축배를 듭시다.

4. 내 방 열쇠를 잃어버렸다.

5. 우리는 밤새 음악에 맞추어 노래하고 춤추었다.

＊문제 해결＊

1. '(결과적으로) ~하게' 의 의미이므로 결과를 뜻한다.

2. 비교를 나타낸다.

3. '~을 위해서' 라는 뜻이므로 목적을 나타낸다.

4. 소유나 귀속을 나타내는 전치사 to의 용법이다.

5. to the music은 accompanied by music(음악에 맞추어)의 의미이므로 수반을 나타낸다.

＊어휘 해결＊ **drink a toast** 축배를 들다 / **to the music** 음악에 맞추어

정답 1. ⑤ 2. ① 3. ② 4. ③ 5. ④

6~9

밑줄 친 부분에 유의하여 우리말로 해석하시오.

6. The answer to the question is right.

7. To my surprise, she refused the proposal.

8. We ran towards the lake to his aid.

9. Life is compared to a voyage.

＊문제 해결＊

6. 소유나 귀속을 나타내는 전치사 to의 용법이다.

7. [to + one's + 추상명사]는 '~하게도' 라는 뜻의 결과를 나타낸다.

8. '~을 위해서' 라는 뜻이므로 목적을 나타낸다.

9. be compared to는 '~에 비유되다' 는 뜻이다.

＊어휘 해결＊ **refuse** 거절하다 / **proposal** 제안 / **aid** 도움 / **compare** 비교하다, 비유하다 / **voyage** 항해

정답 6. 그 질문에 대한 대답은 옳다. 7. 놀랍게도 그녀는 그 제안을 거절했다. 8. 우리는 그를 돕기 위해서 호수 쪽으로 달려갔다. 9. 인생은 항해에 비유된다.

Case 45 – 전치사 of

전치사 of는 '**주격, 소유격, 목적격, 출신, 형용사구, 동격, 부분, like, 성격, 위치, 관계, 재료, 제거**' 등에 쓰이는데 첫 글자를 따서 '**주소목에 있는 신형동부라성 위에서 관계재료를 제거하라**'라고 외운다: 주소목에 있는 신형동부라성 위에서 관계재료를 제거하라!

◆ 전치사 of 출제 족보

전치사 of는 주격, 소유격, 목적격, 출신, 형용사구, 동격, 부분, like, 성격, 위치, 관계, 재료, 제거 등에 쓰임

전치사 of는 주격, 소유격, 목적격, 출신, 형용사구, 동격, 부분, like, 성격, 위치, 관계, 재료, 제거 등에 쓰인다.

(1) 주격

The success of him is certain. (그의 성공은 확실하다.)

(2) 소유격

the legs of the desk (책상의 다리)

(3) 목적격

my love of Jinyoung (진영에 대한 나의 사랑)

(4) 출신

He is a man of good family. (그는 훌륭한 가문의 사람이다.)

(5) 형용사구

of importance (=important) (중요한)

(6) 동격

the city of Seoul (서울이라는 도시)

(7) 부분

three of them (그들 중의 셋)

(8) like

an angel of a girl (천사 같은 소녀)

(9) 성격

It is kind of him to say so. (그런 말을 하는 것을 보니 그는 친절하구나.)

= He is kind to say so.

= To say so is kind of him.

(10) 위치

about 450 miles north of Greenland (그린란드의 북쪽으로 약 450마일)

(11) 관계

He reads a book of America. (그는 미국에 관한 책을 읽는다.)

(12) 재료

Desks are made of wood. (책상은 나무로 만들어진다.)

(13) 제거

Her beauty deprived me of my soul. (그녀의 아름다움에 나는 넋을 잃었다.)

He robbed me of my watch. (그는 나의 시계를 훔쳤다.)

Check It Out!

전치사의 목적어

전치사의 목적어는 명사, 대명사 및 명사 상당어이다.

① I have been to *Busan* with *my friend*. [명사] (나는 친구와 함께 부산에 갔다 왔다.)

② As for *me*, I like winter much better. [대명사] (나로서는 겨울을 훨씬 좋아한다.)

③ We learn a lot of thing by *reading* books. [동명사] (우리는 독서를 함으로써 많은 것을 배운다.)

④ I hadn't a clear insight into *how to proceed*. [구] (진행 방법에 대한 명확한 통찰력이 내게는 부족했다.)

1 ~ 5 • • •

밑줄 친 전치사 of의 의미를 [보기]에서 고르시오.

| 보기 | ① 목적격   ② 동격   ③ 출신   ④ 성격   ⑤ 제거

1. He was born <u>of</u> a good family. (   )

2. She deprived me <u>of</u> peace of mind. (   )

3. My friend is in search <u>of</u> knowledge. (   )

4. Have you ever been in the city <u>of</u> Rome? (   )

5. It is very stupid <u>of</u> her to do the work. (   )

＊전문 해석＊

1. 그는 좋은 가문에서 태어났다.
2. 그녀는 나로부터 마음의 평화를 앗아갔다.
3. 내 친구는 지식을 찾고 있다.
4. 로마라는 도시를 가 본 적이 있나요?
5. 그녀가 그 일을 하는 것을 보니 매우 어리석다.

＊문제 해결＊

1. 내용상 전치사 of는 출신, 근원을 나타낸다.
2. deprive A of B는 'A에게서 B를 앗아가다(빼앗다)'는 뜻이다.
3. in search of는 '～을 추구하여'라는 뜻으로 목적격에 해당한다.
4. 동격을 나타내는 전치사 of이다.
5. 성격을 나타내는 전치사 of이다.

＊어휘 해결＊ **deprive A of B** A에게서 B를 앗아가다(빼앗다) / **in search of** ～을 추구하여

정답 1. ③ 2. ⑤ 3. ① 4. ② 5. ④

밑줄 친 부분에 유의하여 우리말로 해석하시오.

6. You ought to find out <u>jewels of happiness</u> in the world.

7. He is an <u>eater of snakes</u>.

8. The table <u>is made of</u> iron.

9. The thief <u>robbed me of</u> my purse last night.

10. He <u>died of cancer</u> three years ago.

＊전문 해석＊

6. 너는 세상에서 행복이라는 보석을 찾아야 한다.
7. 그는 뱀을 먹는다.
8. 그 테이블은 철로 만들어진다.
9. 그 도둑은 어젯밤 나에게서 지갑을 훔쳐갔다.
10. 그는 3년 전에 암으로 죽었다.

＊문제 해결＊

6. jewels of happiness는 '행복이라는 보석'이란 뜻으로, of는 동격을 나타낸다.
7. 목적격 관계를 나타내는 전치사 of이다.
8. be made of는 '~로 만들어지다'는 뜻이다.
9. rob A of B는 'A에게서 B를 빼앗다'는 뜻이다.
10. die of는 '~로 죽다'는 뜻이다.

정답 6. 너는 세상에서 행복이라는 보석을 찾아야 한다. 7. 그는 뱀을 먹는다. 8. 그 테이블은 철로 만들어진다. 9. 그 도둑은 어젯밤 나에게서 지갑을 훔쳐갔다. 10. 그는 3년 전에 암으로 죽었다.

Case 46 – 전치사 at

전치사 at의 쓰임은 '목표, 관용구, 위치·지점, 기능, 시점, 원인, 비율, 가치, 동작의 모양, 행동' 등이다. 암기할 때에는 앞 글자를 따서 '**목관위기 시원비가 동행**한다' 라고 외운다: 목관위기 시원비가 동행한다!

◆ 전치사 at 출제 족보

전치사 at은 목표, 관용구, 위치·지점, 기능, 시점, 원인, 비율, 가치, 동작의 모양, 행동으로 쓰임

전치사 **at**의 쓰임은 목표, 관용구, 위치·지점, 기능, 시점, 원인, 비율, 가치, 동작의 모양, 행동 등이다.

(1) 목표 (~을)

　　look at (~을 쳐다보다), glance at (~을 힐끗 보다)

(2) 관용구

　　at home (집에), at table (식사 중), at school (재학 중)

(3) 위치 · 지점 (~에서)

　　at the top (꼭대기에), at the foot of the hill (언덕 기슭에)

(4) 기능 (~점에서)

　　He is good at English. (그는 영어를 잘한다)

(5) 시점 (~ 때에)

　　at five o'clock (5시에)

(6) 원인

　　laugh at (~을 비웃다)

(7) 비율

　　at the rate of ten miles an hour (시간당 10마일의 비율로)

(8) 가치

    bring **at a price** (어느 정도의 대가를 치르다)

(9) 동작의 모양 (〜에, 〜으로)

    at a blow (일격으로), **at** ease (편히), **at** one's disposal (〜의 뜻대로)

(10) 행동 (〜에 종사하여)

    He is **at** work. (그는 일하는 중이다.)

Check It Out!

전치사의 생략

① 동명사 앞에서 전치사가 생략되는 경우

    He is busy (in) *canvassing* for the election. (선거 운동으로 그는 바쁘다.)

    I had great difficulty (in) *doing* the work. (나는 그 일을 하는데 커다란 어려움을 겪었다.)

② 절을 목적어로 하는 전치사의 생략

    She was ignorant (of) *what it meant*. (그녀는 그 의미를 알지 못했다.)

    Have you decided (upon) *where you will go for your holidays*?
    (당신은 휴가에 어디로 가실 것인지 결정하셨습니까?)

1~5

밑줄 친 전치사 at의 의미를 [보기]에서 고르시오.

| 보기 | ① 목표   ② 위치·지점   ③ 기능   ④ 시점   ⑤ 비율

1. My dad drove <u>at</u> full speed. (　　)

2. What is he aiming <u>at</u>? (　　)

3. My parents arrived <u>at</u> their destination. (　　)

4. Tom is poor <u>at</u> math. (　　)

5. We will do the work <u>at</u> the beginning of next month. (　　)

＊전문 해석＊
1. 아버지는 전속력으로 차를 몰았다.
2. 그는 무엇을 목표로 삼고 있느냐?
3. 부모님은 목적지에 도착했다.
4. Tom은 수학을 못한다.
5. 우리는 다음 달 초에 그 일을 할 것이다.

＊문제 해결＊
1. at full speed는 '전속력으로' 라는 뜻이다.
2. 목표나 방향을 나타내는 전치사 at의 용법이다.
3. 위치, 지점을 나타내는 전치사 at의 용법이다.
4. 기능을 나타내는 전치사 at의 용법이다.
5. 시점을 나타내는 전치사 at의 용법이다.

＊어휘 해결＊ **at full speed** 전 속력으로 / **aim** 목표로 하다 / **destination** 목적지 / **be poor at** ~을 못하다, ~에 서투르다

정답 1.⑤ 2.① 3.② 4.③ 5.④

밑줄 친 부분에 유의하여 우리말로 해석하시오.

6. What are you <u>looking at</u>?

7. I bought these neckties <u>at 10 dollars each</u>.

8. He <u>was surprised at</u> the news.

9. He will <u>arrive at</u> Incheon Airport this morning.

10. Our school begins <u>at 9:00 a.m.</u>

＊문제 해결＊
6. 목표나 방향을 나타내는 전치사 at의 용법이다.
7. 가격이나 가치를 나타내는 전치사 at의 용법이다.
8. (감정의) 원인을 나타내는 전치사 at의 용법이다.
9. 지점 등 비교적 좁은 장소에 쓰이는 전치사 at의 용법이다.
10. 시점을 나타내는 전치사 at의 용법이다.

＊어휘 해결＊ **surprise** (깜짝) 놀라게 하다

 6. 무엇을 보고 있니? 7. 나는 이 넥타이들을 개당 10달러씩 주고 샀다. 8. 그는 그 소식에 놀랐다. 9. 그는 오늘 아침 인천공항에 도착할 예정이다. 10. 학교는 오전 9시에 시작한다.

Case 47 – 전치사 on

전치사 on은 '**표면의 접촉, 동시 동작, 관계, 부담, 부가, 기초, 인접, 날짜, 방향, 종사·상태**' 등에 사용하는데 암기할 때에는 첫 글자를 조합해서 '**표동관 씨 부부가 기인날 방종**한 생활만 한다'로 외우면 된다: 표동관 씨 부부가 기인날 방종한 생활만 한다.

◆ 전치사 on 출제 족보

전치사 on은 표면의 접촉, 동시 동작, 관계, 부담, 부가, 기초, 인접, 날짜, 방향, 종사·상태 등에 사용됨

전치사 on은 표면의 접촉, 동시 동작, 관계, 부담, 부가, 기초, 인접, 날짜, 방향, 종사·상태 등에 사용한다.

(1) 표면의 접촉 (~의 위에)

a book on the desk (책상 위의 책), a picture on the wall (벽 위의 그림)

(2) 동시 동작

On seeing the man, she ran away. (그 남자를 보자마자 그녀는 도망쳤다.)

(3) 관계 (~에 관한)

a book on history (역사에 관한 책)

Congratulate on your success. (너의 성공을 축하한다.)

(4) 부담

This is on me. (이 계산은 내가 치르겠다.)

(5) 부가 (~에 더하여)

heaps on heaps (쌓이고 쌓이어), loss on loss (손해에 손해를 거듭하여)

(6) 기초

　　a story based on fact (사실에 입각한 이야기)

　　Most Koreans live on rice. (대부분의 한국인은 쌀을 주식으로 산다.)

(7) 인접

　　There is an old village on the frontier. (국경 근처에 오래된 마을이 있다.)

(8) 날짜

　　on Sunday (일요일에), on a hot day like this (오늘같이 더운 날에)

(9) 방향 (~로 (향하여))

　　march on Paris (파리로 향해 나아가다)

　　He is keen on going abroad. (그는 몹시 외국에 나가고 싶어 한다.)

(10) 종사 · 상태

　　on duty (근무 중), on business (사업상, 용무로), on holiday (휴가로), on strike (파업 중),
　　on fire (불타는 중), on purpose (고의로)

Check It Out!

전치사의 기능 ① - 형용사구

① 명사 바로 뒤에 붙어 명사를 직접 수식하는 예

　The book on the desk is my father's. (책상 위에 있는 그 책은 나의 아버지의 것이다.)

　It is a matter of great importance. (그것은 매우 중요한 문제이다.)

② 동사의 보어로 쓰이는 예

　The factory across the river is on fire. [주격 보어] (강 건너 그 공장이 타고 있다.)

　Please make yourself at home. [목적격 보어] (부디 편하게 계세요.)

1 ~ 5

밑줄 친 전치사 on의 의미를 [보기]에서 고르시오.

| 보기 | ① 관계　② 표면의 접촉　③ 종사 · 상태　④ 동시 동작　⑤ 방향

1. They were injured <u>on</u> purpose yesterday. (　　)

2. She had a hat <u>on</u> her head. (　　)

3. <u>On</u> seeing me, she ran away. (　　)

4. The storm was <u>on</u> us. (　　)

5. The professor gave a lecture <u>on</u> the water pollution. (　　)

＊전문 해석＊　　1. 그들은 어제 고의로 부상을 당했다.
2. 그녀는 머리에 모자를 쓰고 있었다.
3. 나를 보자마자 그녀는 도망쳤다.
4. 폭풍우가 몰아닥치고 있었다.
5. 그 교수는 해양 오염에 대해 강연했다.

＊문제 해결＊　　1. 종사 · 상태를 나타내는 전치사 on의 용법이다.
2. '~의 위에'의 의미로 표면상의 위 접촉과 옆면 · 아랫면 등의 접촉에 전치사 on을 쓴다.
3. on –ing는 '~하자마자'라는 동시 동작을 나타낸다.
4. '동작의 방향'을 나타내는 전치사 on의 용법이다.
5. '~에 관해서'라는 관계의 의미로 사용된 전치사 on의 용법이다.

＊어휘 해결＊　　**on purpose** 고의로 / **run away** 도망치다 / **pollution** 오염

정답　1. ③ 2. ② 3. ④ 4. ⑤ 5. ①

밑줄 친 부분에 유의하여 우리말로 해석하시오.

6. There's a picture <u>on the wall</u>.

7. He lectured <u>on the recent affairs</u> of Europe.

8. <u>On receiving</u> the news, she began to cry.

9. Once again Christmas is <u>on us</u>.

10. He promised to give me a present <u>on my birthday</u>.

✱문제 해결✱   6. '～의 위에'의 의미로 표면상의 위 접촉과 옆면·아랫면 등의 접촉에 전치사 on을 쓴다.
7. '～에 관해서'라는 관계의 의미로 사용된 전치사 on의 용법이다.
8. on –ing는 '～하자마자'라는 동시 동작을 나타낸다.
9. '동작의 방향'을 나타내는 전치사 on의 용법이다.
10. 특정한 날짜나 어떤 특정한 날의 오전, 오후, 저녁 등에 전치사 on을 쓴다.

✱어휘 해결✱   **lecture** 강의하다, 강연하다 / **affair** 사건, 사정

정답   6. 벽에는 그림이 하나 걸려 있다. 7. 그는 최근의 유럽 사정에 대해 강연했다. 8. 그 소식을 받자마자 그녀는 울기 시작했다. 9. 또다시 크리스마스가 다가온다. 10. 그는 내 생일날 내게 선물을 주겠다고 약속했다.

Case 48 - 전치사 for

전치사 for는 '이익, 관련, 지지, 양보, 의미상의 주어, 목적, 간주, 시간, 대리, 행선지, 보상, 이유' 등에 쓰이는 데 첫 글자를 조합해서 '이관지 양의 애인은 목간시 대행보이다!' 라고 외우면 된다: 이관지 양의 애인은 목간시 대행보이다!

◆ 전치사 for 출제 족보

전치사 for는 이익, 관련, 지지, 양보, 의미상의 주어, 목적, 간주, 시간, 대리, 행선지, 보상, 이유 등에 쓰임

전치사 for는 이익, 관련, 지지, 양보, 의미상의 주어, 목적, 간주, 시간, 대리, 행선지, 보상, 이유 등에 쓰인다.

(1) 이익

This is a present for you. (이것은 당신을 위한 선물이다.)

(2) 관련

I have no plan for the future. (나는 장래에 관한 계획이 없다.)

(3) 지지

I will vote for Kennedy. (나는 케네디에게 찬성표를 던질 것이다.)

(4) 양보

for all his poverty (그는 가난함에도 불구하고)

(5) 의미상의 주어

It is easy for him to read the book. (그가 그 책을 읽는 것은 쉬운 일이다.)

(6) 목적

He goes out for a walk every morning. (그는 매일 아침 산책을 나간다.)

(7) 간주

He is reported for lost. (그는 행방불명된 것으로 보고되었다.)

I will choose her for my wife. (나는 그녀를 내 아내로 삼겠다.)

(8) 시간

The rain lasted for two hours. (비는 두 시간 동안 계속 내렸다.)

(9) 대리

He wrote a letter for me. (그는 내 대신 편지를 써 주었다.)

(10) 행선지

The ship is bound for London. (그 배는 런던행이다.)

(11) 보상

make up for a loss (손실을 보충하다) (=compensate for a loss)

(12) 이유

She became famous for her speeches. (그녀는 연설 때문에 유명해졌다.)

Check It Out!

전치사의 기능 ② - 부사구

① 동사를 수식한다.

I *came* back because of the rain. (비가 내려서 도로 돌아왔다.)

He *cut* some bamboos with a knife. (그는 칼을 가지고 몇 개의 대나무를 잘랐다.)

② 형용사 · 부사를 수식한다.

She is *good* at French. [형용사 수식] (그녀는 불어를 잘한다.)

The work was done *satisfactorily* in part. [부사 수식] (그 일은 부분적으로는 만족스럽게 이루어졌다.)

③ 문장 전체를 수식한다.

To my surprise, she was the mother of two children. (놀랍게도 그녀는 두 자녀의 엄마였다.)

1 ~ 5

밑줄 친 전치사 for의 의미를 [보기]에서 고르시오.

| 보기 |　① 목적　　② 보상　　③ 의미상 주어　　④ 양보　　⑤ 이유

1. It is necessary <u>for</u> you to accept the offer. (　　)

2. <u>For</u> all his wealth, he is not happy. (　　)

3. This restaurant is famous <u>for</u> fine cooking. (　　)

4. You must compensate <u>for</u> lost time. (　　)

5. He has come here <u>for</u> the purpose of helping you. (　　)

＊전문 해석＊
1. 네가 그 제안을 받아들이는 것이 필요하다.
2. 그는 부자임에도 불구하고, 행복하지 않다.
3. 이 식당은 요리 솜씨가 좋기로 유명하다.
4. 당신은 잃어버린 시간을 보상해 주어야 한다.
5. 그는 당신을 돕기 위해서 여기에 왔다.

＊문제 해결＊
1. to부정사의 의미상의 주어로 사용된 전치사 for이다.
2. for all은 '~에도 불구하고'라는 양보를 나타내는 구문이다.
3. for는 이유를 나타내는 전치사로 사용될 수 있다. be famous for, cry for joy 등과 같이 관용구를 이루는 경우도 있다.
4. compensate for는 '~을 보상하다'는 뜻이다.
5. for the purpose of는 '~을 위해서'라는 뜻으로 전치사 for는 목적을 표시한다.

＊어휘 해결＊ **be famous for** ~으로 유명하다 / **compensate for** ~을 보상하다 / **for the purpose of** ~을 위해서

정답 1. ③ 2. ④ 3. ⑤ 4. ② 5. ①

6 ~ 10

밑줄 친 부분에 유의하여 우리말로 해석하시오.

6. The President made a speech <u>for an hour</u>.

7. We crave <u>for peace of the world</u>.

8. He will see to it <u>for me</u> in my absence.

9. We are all <u>for his plan</u>.

10. We can substitute margarine <u>for butter</u>.

＊문제 해결＊ 6. for는 수사 또는 그 상당 어구를 수반하는 기간과 함께 쓰여 '〜동안'의 의미를 나타낸다.
7, 8. 이익이나 추구를 나타내는 전치사 for의 용법이다.
9. 찬성이나 지지를 나타내는 전치사 for의 용법이다.
10. substitute A for B는 'B를 A로 바꾸다'라는 뜻이다.

＊어휘 해결＊ **make a speech** 연설하다 / **crave for** 〜을 갈망하다 / **see to** 〜을 처리하다

정답 6. 대통령은 한 시간 동안 연설했다. 7. 우리는 세계 평화를 갈망한다. 8. 내가 없는 사이에 그가 그것을 처리할 것이다. 9. 우리는 그의 계획에 모두 찬성한다. 10. 버터를 마가린으로 대신할 수 있다.

전치사 with는 '소유, 부대상황, 원인, 양보, 공급, 상봉, 일치, 동반, 종사, 비교, 관계, 적대, 기구, 분리' 등에 쓰이는데 암기할 때에는 첫 글자를 따서 '**소부원 양과 공상일 군은 동종의 비관적 기분을 느낀다**' 라고 외우면 된다: 소부원 양과 공상일 군은 동종의 비관적 기분을 느낀다!

◆ 전치사 with 출제 족보

전치사 with는 소유, 부대상황, 원인, 양보, 공급, 상봉, 일치, 동반, 종사, 비교, 관계, 적대, 기구, 분리 등에 쓰임

전치사 **with**는 소유, 부대상황, 원인, 양보, 공급, 상봉, 일치, 동반, 종사, 비교, 관계, 적대, 기구, 분리 등에 쓰인다.

(1) 소유

I have no money with me. (나는 돈이 없다.)

(2) 부대상황

with one's arms folded (팔짱을 끼고서)

(3) 원인

with the help of the tools (연장의 도움으로 인해서)

(4) 양보

with all his riches (재산이 있음에도 불구하고)

(5) 공급

He supplied us with food. (그는 우리에게 식량을 공급해 주었다.)

(6) 상봉

be in touch with (~와 상봉하다)

(7) 일치

   I agree with you. (나는 너와 같은 생각이다.)

(8) 동반

   I will go there with you. (나는 너와 함께 그곳에 갈께.)

(9) 종사

   deal with (~을 다루다)

(10) 비교

   This is compared with that. (이것은 저것과 비교된다.)

(11) 관계

   What's the matter with you? (무슨 일이냐?)

(12) 적대

   argue with (~와 다투다)

(13) 기구

   They have many toys to play with. (그들은 가지고 놀 장난감이 많다.)

(14) 분리

   part with (~와 헤어지다, ~를 해고하다)

Check It Out!

전치사의 위치

전치사는 명사 또는 그 상당어구 앞에 온다. 명사 앞에 오는 형용사도 그 상당어구의 일부로 간주해서 그 앞에 전치사가 온다.

① He who is tired of *work* is tired of *existence*. (일하기에 싫증이 난 사람은 사는 데에도 싫증이 난 사람이다.)

② We have no use for *doctors*. (우리에게는 의사가 소용없다.)

1 ~ 5 ● ● ●

밑줄 친 전치사 with의 의미를 [보기]에서 고르시오.

| 보기 | ① 소유   ② 부대상황   ③ 원인   ④ 양보   ⑤ 공급

1. I can't go there <u>with</u> fever. (   )

2. Cow provides us <u>with</u> milk. (   )

3. He stood there <u>with</u> his arms folded. (   )

4. They have a lot of books <u>with</u> them. (   )

5. <u>With</u> all his best intention, his plan was turned down. (   )

✳전문 해석✳
1. 나는 (감기 몸살로 인한) 열 때문에 거기에 갈 수 없었다.
2. 소는 우리에게 우유를 제공해 준다.
3. 그는 팔짱을 낀 채로 그 곳에 서 있었다.
4. 그들은 책이 많이 있다.
5. 그의 의도는 아주 좋았지만, 그의 계획은 거절당했다.

✳문제 해결✳
1. 원인을 나타내는 전치사 with의 용법이다.
2. provide A with B는 'A에게 B를 공급하다'는 뜻이다.
3. 부대상황을 나타내는 전치사 with의 용법이다.
4. 소유를 나타내는 전치사 with의 용법이다.
5. with all은 '~에도 불구하고'라는 양보를 나타내는 표현이다.

✳어휘 해결✳ **fever** 열 / **intention** 의도 / **turn down** 거절하다

정답 1. ③ 2. ⑤ 3. ② 4. ① 5. ④

밑줄 친 부분에 유의하여 우리말로 해석하시오.

6. He set to work <u>with Peter.</u>

7. She was in deep thought <u>with her eyes closed.</u>

8. <u>With all her poverty,</u> she was always happy.

9. My teacher should <u>deal with</u> a lot of things this semester.

10. My mother always <u>compares me with</u> my friends.

＊문제 해결＊ 6. 동반을 나타내는 전치사 with의 용법이다.
7. 부대상황을 나타내는 전치사 with의 용법이다.
8. with all은 '~에도 불구하고' 라는 양보를 나타내는 표현이다.
9. deal with는 '~을 다루다, 취급하다' 는 뜻이다.
10. compare A with B는 'A를 B와 비교하다' 는 뜻이다.

＊어휘 해결＊ **set to work** 일을 착수하다

 6. 그는 Peter와 함께 일에 착수했다. 7. 그녀는 눈을 감은 채로 상념에 잠겨 있었다. 8. 가난에도 불구하고, 그녀는 항상 행복했다. 9. 나의 선생님은 이번 학기에 많은 일을 하셔야 한다. 10. 나의 어머니는 항상 나를 내 친구와 비교한다.

Case 50 – 전치사 from

전치사 **from**은 변화, 제외, 동기(원인), 구별, 기점, 출처, 원료, 장소 등에 사용된다.

(1) 변화

I awoke from a dream. (나는 꿈으로부터 깨었다.)

(2) 제외

He was released from prison. (그는 감옥에서 풀려났다.)

(3) 동기(원인)

The proposal was refused from private reasons.

(그 제안은 사적인 이유 때문에 거절당했다.)

(4) 구별

distinguish A from B (A와 B를 구별하다) (=know A from B)

(5) 기점

I jumped down from a window. (나는 창문으로부터 뛰어 내렸다.)

(6) 출처

I got letters from a friend. (나는 어떤 친구로부터 편지를 받았다.)

(7) 원료

They make wine from grapes. (=Wine is made from grapes.)

(그들은 포도를 가지고 포도주를 만든다.)

(8) 장소

from **above** (위로부터), from **the door** (문으로부터)

Check-up

1 ~ 5

밑줄 친 전치사 from의 의미를 [보기]에서 고르시오.

| 보기 |　① 구별　　② 기점　　③ 출처　　④ 원료　　⑤ 원인

1. We work <u>from</u> Monday to Saturday. (　　)

2. I am suffering <u>from</u> a bad cold. (　　)

3. He and his friends come <u>from</u> Japan. (　　)

4. They couldn't distinguish black <u>from</u> white. (　　)

5. My father made a lot of furniture <u>from</u> woods. (　　)

6 ~ 10

밑줄 친 부분에 유의하여 우리말로 해석하시오.

6. The man <u>died from</u> hard work.

7. He gets his good look <u>from</u> his father.

8. My close friend recovered <u>from illness</u> last year.

9. She lived in Paris <u>from 2000 to 2008</u>.

10. She was expelled <u>from school</u> owing to her laziness.

문제 해결 6. from은 직접적인 원인을 나타낸다.

7. 출처를 나타내는 전치사 from의 용법이다.

8. 변화를 나타내는 전치사 from의 용법이다.

9. from은 '~로 부터'의 의미로 단순한 기점을 나타낸다.

10. 제외를 나타내는 전치사 from의 용법이다.

어휘 해결 **recover** 회복하다 / **expel** 쫓아내다 / **owing to** ~때문에 / laziness 게으름, 나태

정답 6. 그 사람은 과로로 죽었다. 7. 그의 잘생긴 외모는 그의 아버지로부터 물려받은 것이다. 8. 친한 친구가 작년에 질병에서 회복되었다. 9. 그녀는 2000년부터 2008년까지 파리에 살았다. 10. 게으름 때문에 그녀는 학교에서 퇴학당했다.

수사 읽기 ⑤ – 분수 · 잠깐! Check

분 수	읽 기
$\frac{1}{2}$	a(one) half
$\frac{1}{3}$	a(one) third
$\frac{1}{4}$	a quarter(one-fourth)
$\frac{1}{8}$	an(one) eighth
$\frac{3}{4}$	three-fourths(three quarters)
$3\frac{4}{5}$	three and four-fifths

분수를 읽을 때는 분자는 기수로, 분모는 서수로 읽으며, 분자가 2 이상이면 분모에 복수형 어미 –s를 붙여 읽는다.

※ 두 자릿수 이상의 복잡한 분수는 분자와 분모 사이에 over[by]를 쓰고 분자, 분모 모두 기수로 읽는다.

$\frac{123}{456}$ → one hundred and twenty-three over four hundred and fifty-six.

CaSe 51 – 전치사 through

비법 전수

전치사 through는 **'관통(통과), 도처, 처음부터 끝까지, 경험의 완료, 수단, 원인'** 등에 쓰이는데 첫 글자를 조합해서 **'관도! 처음부터 경수는 원수였어!'** 라고 암기한다: 관도! 처음부터 경수는 원수였어!

◆ 전치사 through 출제 족보

전치사 through는 관통, 도처, 처음부터 끝까지, 경험의 완료, 수단, 원인 등에 쓰임

전치사 **through**는 관통, 도처, 처음부터 끝까지, 경험의 완료, 수단, 원인 등에 쓰인다.

(1) 관통 · 통과

① ~을 통하여

drive a nail through a board (판자에 못을 박아 넣다)

② (문 · 경로 등을) 지나서

go through a door (문에서 나가다)

(2) 도처

① (장소를) 두루

I travel through the country. (나는 온 나라 안을 여행한다.)

② ~사이를 (이리저리)

He searched through his papers. (그는 서류를 뒤지면서 찾았다.)

(3) 처음부터 끝까지 (동안, 내내)

through the year (일 년 내내)

(4) 경험 등의 완료 (~을 거쳐서, ~을 다 써버려)

I got through the examination. (나는 시험에 합격했다.)

※ be through: ~을 끝마치다
I am half through the poem. (나는 그 시의 반을 읽었다.)

(5) 수단 · 매체 (～에 의하여)

He got the job through my help. (그는 내 도움으로 그 직장을 구했다.)

(6) 원인 (～으로 인하여)

He got injured through his own carelessness.

(그는 자기 자신의 부주의로 인하여 부상당했다.)

Check It Out!

전치사에 따라 의미가 다른 어휘

① consist

The committee consists of seven members. [～으로 구성되다] (그 위원회는 7인으로 구성되어 있다.)

Courage consists in overcoming one's greed. [～에 있다] (용기는 자기의 탐욕을 극복하는데 있다.)

Health does not consist with overwork. [～와 일치(양립)하다] (건강은 과로와 양립하지 않는다.)

② attend

She is attending on the patient. [시중들다, 간호하다] (그녀는 그 환자를 간호하고 있다.)

Attend to what your teacher says. [～에 주의를 기울이다] (선생님의 말씀에 주의를 기울여라.)

③ succeed

He succeeded to the throne. [～을 계승하다] (그는 왕위를 계승했다.)

He succeeded in discovery. [～을 성공하다] (그는 발견에 성공했다.)

④ compare

Some people have compared books to friends. [비유하다] (어떤 이들은 책을 친구에 비유한다.)

We compared the translation with the original. [비교하다] (우리는 번역을 원본과 비교했다.)

1 ~ 5

밑줄 친 전치사 through의 의미를 [보기]에서 고르시오.

| 보기 | ① 관통 · 통과   ② 원인   ③ 도처   ④ 처음부터 끝까지   ⑤ 수단 · 매체

1. He made a large fortune <u>through</u> industry. (   )

2. I and my friends passed <u>through</u> a town. (   )

3. I'll stay here <u>through the winter</u>. (   )

4. My teacher took a trip <u>through the country</u>. (   )

5. The accident came to pass <u>through</u> his careless driving. (   )

＊전문 해석＊
1. 그는 근면해서 많은 돈을 벌었다.
2. 나와 내 친구들은 시내를 통과했다.
3. 나는 겨울 내내 여기 머무를 것이다.
4. 선생님은 온 나라 안을 여행했다.
5. 그 사고는 그의 운전 부주의로 인해서 발생했다.

＊문제 해결＊
1. '~에 의하여' 라는 의미의 수단이나 매체를 나타내는 전치사 through의 용법이다.
2. 관통이나 통과를 나타내는 전치사 through의 용법이다.
3. through는 '어떤 기간의 처음부터 끝까지'를 나타낸다.
4. '(장소를) 두루'의 의미를 갖는 전치사 through의 용법이다.
5. '~때문에' 라는 의미의 원인을 나타내는 전치사 through의 용법이다.

＊어휘 해결＊ **fortune** 행운, 많은 돈 / **industry** 산업, 공업, 근면 / **take a trip** 여행하다 / **come to pass** 발생하다, 일어나다

정답 1. ⑤ 2. ① 3. ④ 4. ③ 5. ②

밑줄 친 부분에 유의하여 우리말로 해석하시오.

6. He lost his place <u>through neglect of carelessness</u>.

7. I walked <u>through the wood</u>.

8. We camped there <u>through the summer</u>.

9. My boss made good in life <u>through hard work</u>.

10. She has been finished <u>through the novel</u>.

＊문제 해결＊
6. '～때문에'라는 의미의 원인을 나타내는 전치사 through의 용법이다.
7. 관통이나 통과를 나타내는 전치사 through의 용법이다.
8. through는 '어떤 기간의 처음부터 끝까지'를 나타낸다.
9. '～에 의하여'라는 의미의 수단이나 매체를 나타내는 전치사 through의 용법이다.
10. be through는 '～을 끝마치다'라는 경험 등의 완료를 나타낸다.

정답
6. 그는 직무 태만으로 자신의 직위를 잃었다. 7. 나는 숲속을 걸어갔다. 8. 우리는 여름 내내 그곳에서 야영을 했다. 9. 사장님은 근면해서 성공했다. 10. 그녀는 그 소설 읽기를 끝마쳤다.

[1~2] 빈칸에 알맞은 것을 고르시오.

01

> Tom is in bed _____ a cold.

① with   ② of   ③ on   ④ in   ⑤ under

02

> A: Shall we go there?
> B: Yes, I'm _____ it.

① from   ② by   ③ of   ④ for   ⑤ against

03 빈칸에 알맞은 말이 나머지와 <u>다른</u> 것은?

① Mary is _____ London.

② I don't eat meat _____ various reasons.

③ This bread is made _____ white flour.

④ It's almost impossible to tell one _____ the other.

⑤ The problem resulted _____ the misunderstanding.

04 어법상 어색한 문장은?

① We were surprised at the news.

② Both of them died of cancer.

③ I voted to James Watt.

④ I couldn't see for the tears in my eyes.

⑤ We listened to the news on the radio.

[5~6] 다음 글에서 밑줄 친 부분 중, 어법상 틀린 것은?

05

We have moved ①through going to a football game once a week to having sports on television twenty-four hours a day. Billions of dollars go to the salaries of sports heroes each year. ②Clearly, we are obsessed with sports and in particular, winning at sports. The effect on our children ③is tremendous; some children have no time with one or both parents who are locked to the television on a daily basis. More important is the ④huge increase in parental concern about their children being on a winning team. ⑤Winning has become more important than playing to do your best and have fun.

06

Motorists returning home ①for last night's snow storm were pleasantly surprised. Early yesterday afternoon, forecasters had predicted that Route 10 would close ②because of high winds. However, all major highways ③remained open last night. School children seemed especially pleased. Yesterday morning, most schools announced that they would close at 1:00 a.m. Several kids at James Fox Elementary reported that they were planning to spend that afternoon sledding and ④having snowball fight. Many people are wondering ⑤how weather forecasts could make such a big mistake.

Second Step 수식어구 관련 필수 문법요소

03 접속사

Case 52~55

3. 접속사

Case 52~55

 Case 52 – 등위접속사와 상관접속사

비법 전수

상관접속사 either A or B는 'A나 B 중의 하나'라는 뜻이다. 암기할 때에는 **'A나 B 중의 하나는 2를 더해서(either) A가 되거나 아니면(or) B가 된다!'** 라고 외운다: A나 B 중의 하나는 2를 더해서 A가 되거나 아니면 B가 된다!

◆ 등위접속사와 상관접속사 출제 족보

① **등위접속사:** and, but, or, so, for

② **상관접속사:** both A and B, not A but B, not only A but also B, either A or B, neither A nor B

문법적으로 대등한 두 부분을 이어주는 것을 등위접속사라고 하고, 두 개의 요소가 짝을 이루어 하나의 접속사 역할을 하는 것을 상관접속사라고 한다.

(1) 등위접속사

① and: '~와, ~과, 그리고'의 의미로 앞 뒤 내용을 연결한다.

Edward is *wise* and *attractive*. [단어와 단어] (Edward는 현명하고 매력적이다.)

His grandfather made money, his father spent it, and he now suffers from poverty. [절과 절] (그의 할아버지는 돈을 모았고, 아버지는 낭비했고, 그는 이제 거지이다.)

② but: '그러나, ~이지만'의 의미로 대조를 이룬다.

It is windy but warm today. (오늘은 바람은 불지만 따뜻한 날이다.)

It is already seven o'clock, but it is still light out of doors.

(이미 7시이지만 문 밖은 아직 밝다.)

③ or: '또는, 혹은, ~이거나' 의 의미로 둘 중 선택의 의미를 갖는다.

Which is faster, a train or a bus? (기차와 버스 중 어느 쪽이 더 빠르냐?)

He majored in geology, or the science of the earth's crust.

(=in other words, that is, namely) (그는 지질학, 즉 지구의 지각에 관한 과학을 전공했다.)

④ so: '그래서' 의 의미로 결과나 결론을 나타낸다.

He is very rich, so he can buy whatever he wants.

(그는 매우 부자이다. 그래서 그는 그가 원하는 것은 무엇이든지 살 수 있다.)

⑤ for: '왜냐하면' 의 의미로 원인이나 이유를 나타낸다.

She doesn't drink coffee, for it keeps her awake at night.

(그녀는 커피를 마시지 않는데, 왜냐하면 그것이 밤에 그녀를 깨어있게 만들기 때문이다.)

(2) 상관접속사

① both A and B: A와 B 둘 다

They worked both by day and by night. (그들은 주야로 일을 했다.)

② not A but B: A가 아니라 B

He is not a novelist but a critic. (그는 소설가가 아니라 비평가이다.)

③ not only A but (also) B: A뿐만 아니라 B도 (= B as well as A)

Not only you but also he is invited. (너뿐만 아니라 그도 초대 받았다.)

④ either A or B: A나 B 중의 하나

Either he or she may come. (그 아니면 그녀가 올 것이다.)

⑤ neither A nor B: A와 B 어느 쪽도 아닌

I have neither time nor money for gambling. (나에겐 노름을 할 돈도 시간도 없다.)

Check-up

1~5

괄호 안에서 알맞은 접속사를 고르시오.

1. He is rich (and, but) unhappy.

2. Either you are lying (or, nor) I am dreaming.

3. Not only you but also he (is, are) wrong.

4. He got up late, (so, for) he didn't go jogging.

5. It is (neither, either, both) too hot in summer nor too cold in winter here.

＊전문 해석＊
1. 그는 부유하지만 불행하다.
2. 네가 거짓말을 하고 있거나 아니면 내가 꿈을 꾸고 있거나 둘 중의 하나이다.
3. 너뿐만 아니라 그도 잘못이다.
4. 그는 늦게 일어나서 조깅하러 가지 못했다.
5. 여기는 여름에 너무 덥지도 않고 겨울에 너무 춥지도 않다.

＊문제 해결＊
1. rich와 unhappy는 대치되는 말이다.
2. either A or B는 'A 또는 B 둘 중의 하나'라는 상관접속사 구문이다.

3. not only A but also B는 B에 인칭과 수를 일치시킨다.

4. 결과를 나타낸다.

5. neither A nor B는 'A와 B 둘 다 아닌'이라는 상관접속사 구문이다.

어휘 해결 **go ~ing** ~하러 가다

정답 1. but 2. or 3. is 4. so 5. neither

6 ~ 10

밑줄 친 부분을 어법에 맞게 고쳐 쓰시오.

6. He neither knows <u>or</u> cares what happened.

7. The water was too dirty, <u>for</u> we didn't go swimming.

8. You must <u>neither</u> wire or write to your father.

9. She was not only beautiful <u>and</u> talented.

10. Tom gave the poor man both food <u>but</u> money.

전문 해석 6. 그는 무엇이 일어났는지 모를뿐더러 관심도 없다.

7. 물이 더러워서 수영을 갈 수 없었다.

8. 네 아버지에게 전보를 치든 편지를 쓰든 해야 한다.

9. 그녀는 아름다울 뿐만 아니라 재능도 있었다.

10. Tom은 그 가난한 사람에게 음식과 돈을 주었다.

문제 해결 6. neither A nor B는 'A와 B 둘 다 아닌'이라는 상관접속사 구문이다.

7. 결과를 나타내므로 so로 고쳐야 한다.

8. either A or B는 'A 또는 B 둘 중의 하나'라는 상관접속사 구문이다.

9. not only A but (also) B는 'A뿐만 아니라 B도'라는 상관접속사 구문이다.

10. both A and B는 'A와 B 둘 다'라는 상관접속사 구문이다.

어휘 해결 **talented** 재능 있는

정답 6. nor 7. so 8. either 9. but 10. and

비법 전수

명사절을 이끄는 종속접속사에는 'that(~라는 것), if와 whether(~인지 아닌지), 의문사절'이 있다. 암기할 때에는 종속접속사의 종류와 뜻을 혼합하여 **'종속접속사에는 대(that)라는 것과 ~인지 아닌지(if와 whether) 이외에도 의문사가 있다'**라고 외운다: 종속접속사에는 대라는 것과 ~인지 아닌지 이외에도 의문사가 있다!

◆ 명사절을 이끄는 종속접속사 출제 족보

① that: ~라는 것 [주어, 목적어, 보어, 동격]

② if와 whether: ~인지 아닌지

명사처럼 주어, 목적어, 보어, 동격 역할을 하는 종속절을 이끄는 접속사로 명사절을 이끄는 종속접속사이다.

(1) that: ~라는 것

① 주어: 주어 역할을 하며 '~하는 것은'이라는 의미이다.

That the earth is round is true. (지구가 둥글다는 것은 사실이다.)

= It is true **that** the earth is round. (It: 가주어, that 이하: 진주어)

② 목적어: 타동사의 목적어로 쓰여 '~라는 것을, ~라고'로 해석한다. 이 경우 that은 생략할 수 있다.

I *hope* that you will get well soon. (나는 당신이 곧 건강해지시길 바랍니다.)

③ 보어: 문장에서 be동사의 보어로 '~라는 것이다'라는 의미이다.

The fact *is* that she has run away with her lover.

(사실상 그녀가 애인과 달아났다는 것이다.)

④ 동격: 추상명사(fact, idea, news, possibility 등)의 단어 뒤에서 이런 명사와 동격의 의미를 가지며 '~라는 사실(생각, 소식, 가능성)'을 뜻한다.

I have *an idea* that he is still living anywhere.

(그가 아직도 어딘가에 살아 있다는 생각이 든다.)

(2) if와 whether: ~인지 아닌지

I wonder if it's long enough. (그것이 길이가 충분할지 모르겠다.)

Whether it was true or not is still an open question.

(그것이 사실이었는지 아니었는지는 여전히 미해결의 문제로 남아있다.)

The question is whether you do it well or not.

(문제는 네가 그것을 잘하느냐 못하느냐의 여부이다.)

(3) **명사절을 이끄는 의문사:** [의문사 + 주어 + 동사]의 어순으로 문장에서 주어, 목적어, 보어로 쓰인다. 이것을 간접의문문이라고 한다.

Do you know who I am? [의문사 + 주어 + 동사] (내가 누구인지 아니?)

He asked me how I went to school. (그는 나에게 어떻게 학교에 갔는지를 물었다.)

Check It Out!

전치사 + that절

that 앞에는 전치사를 피하나 예외적으로 in, except, save, but 등은 쓸 수 있다.

① Men differ from brutes in that they can think and speak.

(사람은 생각하고 말할 수 있기 때문에 짐승과 다르다.)

※ in that: ~라는 점에서, ~ 때문에(=as, since)

② This is a very good book except that the price is a little too high.

(가격이 다소 비싸다는 것을 제외하고는 좋은 책이다.)

1~5

괄호 안에서 알맞은 접속사를 고르시오.

1. I don't know (if, whether) he is at home or at the office.

2. Do you know (that, what) happened last night?

3. (It, That) you study German now is a good idea.

4. (It, That) is clear that she will come soon.

5. We don't know (if, whether) it will rain tomorrow.

＊전문 해석＊ 1. 나는 그가 집에 있는지 사무실에 있는지를 모르겠다.
2. 너는 어젯밤 무슨 일이 일어났는지 아니?
3. 지금 독일어를 공부한다는 것은 좋은 생각이다.
4. 그녀가 곧 올 것이라는 것은 분명하다.
5. 우리는 내일 비가 올지 안 올지 모른다.

＊문제 해결＊ 1. or (not)와 함께 쓰는 것은 whether이다.
2. 의문사이면서 주어 역할을 하는 what을 쓴다.
3. 명사절을 이끄는 주어 역할을 하는 접속사 that이 온다.
4. that절을 대신하는 가주어 it이 온다.
5. 일반적으로 '~인지 아닌지' 라는 접속사는 if와 whether가 있는데 or (not)가 함께 쓰이는 것은 whether이고 그렇지 않은 경우는 if이다.

＊어휘 해결＊ **happen** 발생하다, 일어나다

정답 1. whether 2. what 3. That 4. It 5. if

틀린 곳을 찾아 바르게 고쳐 쓰시오.

6. I'm not true that he is sick.

7. I'm not sure if the rumor is true or not.

8. I don't know what does it mean.

9. She was honest at that time is not true.

10. The rumor if the President would resign spread at once.

＊전문 해석＊

6. 그가 아프다는 것은 사실이 아니다.

7. 그 소문이 사실인지 아닌지는 확실하지 않다.

8. 나는 그게 무슨 뜻인지 모른다.

9. 그녀가 그 당시에 정직했다는 것은 사실이 아니다.

10. 대통령이 사임할 것이라는 소문은 즉시 퍼져 나갔다.

＊문제 해결＊

6. It is not true that ~, 가주어 It과 진주어 that 구문이다.

7. if는 or not과 함께 쓰지 못한다.

8. 간접의문문은 [의문사 + 주어 + 동사] 어순이다.

9. 주절을 이끄는 that이 와야 한다.

10. rumor(추상명사)와 그 이하의 내용이 동격이 되어야 하므로 if 대신 동격의 that을 사용해야 한다.

＊어휘 해결＊ **resign** 사임하다 / **at once** 즉시, 곧

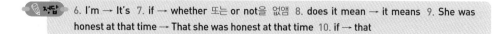 6. I'm → It's 7. if → whether 또는 or not을 없앰 8. does it mean → it means 9. She was honest at that time → That she was honest at that time 10. if → that

Case 54 – 부사절을 이끄는 종속접속사

부사절을 이끄는 종속접속사는 '시간, 이유, 조건, 목적, 결과' 등을 나타낸다. 암기할 때에는 첫 글자를 조합하여 **'부사종(부사절을 이끄는 종속접속사) 씨! 거기 간 시간과 이유, 결과를 조목조목(조건, 목적) 말하시오!'** 라고 형사가 범인을 다그치듯이 외운다: 부사종 씨! 거기 간 시간과 이유, 결과를 조목조목 말하시오!

◆ 부사절을 이끄는 종속접속사 출제 족보

① **시간:** when, while, as soon as 등

② **이유:** because, as, since 등

③ **조건·양보:** if, unless, though, although 등

④ **목적·결과:** so that (목적), so ~ that (결과)

시간, 이유, 조건(양보), 목적(결과) 등을 나타내는 종속절을 이끄는 접속사를 부사절을 이끄는 종속접속사라 한다.

(1) 시간의 접속사

When she comes, tell her I'll be back soon. [~할 때]

(그녀가 올 때 내가 곧 돌아온다고 말해 주시오.)

She visited the zoo **while** she stayed in Seoul. [~하는 동안에]

(그녀는 서울에 있는 동안 그 동물원을 구경했다.)

As soon as she saw me, she ran away. [~하자마자]

(그녀가 나를 보자마자 그녀는 도망쳤다.)

(2) 이유의 접속사

I didn't say so, because I was ashamed. [~때문에, ~이므로]

(나는 부끄러웠기 때문에 그렇게 말하지 않았다.)

As you are sorry, I'll forgive you this time. [~때문에, ~이므로]

(당신이 미안하게 생각하고 있기 때문에 이번에는 용서하겠다.)

Since it is true, we must accept it. [~때문에, ~이므로]

(그것이 사실이기 때문에 우리는 받아들여야 한다.)

(3) 조건 · 양보의 접속사

I'll stay home **if** it rains tomorrow. [조건: 만약 ~라면]

(내일 비가 온다면 나는 집에 있을 것이다.)

Unless you stop fighting each other, I will call the police. [조건: 만약 ~하지 않는다면]

= **If** you **don't** stop fighting each other, I will call the police.

(싸우는 것을 멈추지 않는다면, 나는 경찰을 부를 것이다.)

Though(=Although) it was cold, the boy wore no overcoat. [양보: 비록 ~이지만]

(날씨가 추웠지만 그 소년은 코트를 입고 있지 않았다.)

(4) 목적 · 결과의 접속사

① 목적: [so that 주어 + may(can, will)], [in order that 주어 + may(can, will)] [~하기 위해서]

He worked hard **so that** he **might** succeed. (그는 성공하기 위해서 열심히 일했다.)

= He worked hard **in order that** he **might** succeed.

② 결과: [so ~ that …] [너무 ~해서 …하다]

She is **so** poor **that** she can't go abroad. (그녀는 너무 가난해서 외국에 갈 수 없다.)

Check-up

1 ~ 5

괄호 안에서 알맞은 접속사를 고르시오.

1. (When, Because) she goes out, she always takes her dog with her.

2. You will be late (if, unless) you hurry up.

3. It was (so, very) cold that I could not go out.

4. (Because, Although) she is rich, she is unhappy.

5. (If, Since) I had my own house, I would marry her.

＊전문 해석＊　1. 그녀는 외출할 때 언제나 개를 데리고 나간다.
　　　　　　　2. 서두르지 않으면 늦을 것이다.
　　　　　　　3. 날씨가 너무 추워서 외출할 수 없었다.
　　　　　　　4. 그녀는 부자이지만 행복하지 않다.
　　　　　　　5. 나에게 집이 있다면 그녀와 결혼할 텐데.

＊문제 해결＊　1. 시간을 나타내는 접속사 when이 온다.
　　　　　　　2. if ~ not의 의미인 unless가 온다.

3. '너무 ~해서 …하다'는 결과를 나타내는 표현은 [so ~ that …]이다.

4. 부자이지만 행복하지 않으므로 양보절이 온다.

5. 내용상 조건을 나타내는 접속사가 필요하므로 if가 알맞다.

＊어휘 해결＊ **hurry up** 서두르다 / **marry** 결혼하다

정답 1. When 2. unless 3. so 4. Although 5. If

6 ~ 10

우리말을 영어로 옮길 때, 빈칸에 알맞은 접속사를 쓰시오.

6. 해가 비칠 때 풀을 말려라. (기회를 놓치지 마라.)

→ Make hay _____ the sun shines.

7. 나를 보자마자 그녀는 얼굴이 붉어졌다.

→ _____ she saw me, she turned red.

8. 그는 그것이 어려웠기 때문에 하지 않았다.

→ He didn't do it _____ it was difficult.

9. 그들은 형제이지만 서로 미워한다.

→ _____ they are brothers, they hate each other.

10. 그는 다른 사람을 살리기 위해 죽었다.

→ He died so _____ others might live.

＊문제 해결＊ 6. '~하는 동안에'라는 시간을 나타내는 접속사는 while이다.

7. '~하자마자'라는 시간을 나타내는 접속사는 as soon as이다.

8. 이유를 나타내는 접속사는 because, as, since 등이 있다.

9. 양보를 나타내는 접속사는 though, although 등이 있다.

10. '~하기 위해서'라는 목적을 나타내는 접속사는 [so that …]이다.

＊어휘 해결＊ **hay** 건초

정답 6. while 7. As soon as 8. because/as/since 9. Though/Although 10. that

Case 55 – 접속사의 관용 표현

비법 전수

접속사의 관용 표현 중 so long as(~하기만 하면)를 암기할 때는 '**뭔가 하기만 하면 썰렁해(so long as)!**' 라고 외운다: 뭔가 하기만 하면 썰렁해!

◆ 접속사의 관용 표현 출제 족보

① so that ~ may(can, will): ~하기 위해서

② so that ~ may(can, will) not: ~하지 않기 위해서 (=lest ~ should 동사원형)

③ so 형용사/부사 that ~: 너무 …해서 (그 결과) ~하다

④ as long as: ~할 때까지, ~하는 한

⑤ so long as: ~하기만 하면

모든 언어에서 관용 표현이란 문법적으로 설명할 수 없는 것들이다. 특히 접속사와 관련된 관용 표현은 너무나 중요한 것이므로 아래에 정리한 것들은 반복 학습하여 암기해 두어야 한다. 그래야 독해나 문법에 자신감을 가질 수 있다.

(1) so that ~ may(can, will): ~하기 위해서

Speak slowly **so that** they **may** understand you.

(그들이 당신의 말을 알아들을 수 있도록 천천히 말씀하세요.)

(2) so that ~ may(can, will) not: ~하지 않기 위해서 (=lest ~ should 동사원형)

He locked up his money **lest** it **should** be stolen.

(그는 도난당하지 않도록 그의 돈을 넣고 자물쇠를 채워 두었다.)

※ lest ~ should not (×): lest ~ should 뒤에 not을 써선 안 된다.

(3) so 형용사/부사 that ~: 너무 …해서 (그 결과) ~하다

We were **so** hungry **that** we couldn't wait for knives and forks.

(우리들은 대단히 시장했기 때문에 나이프와 포크가 나오는 것을 기다릴 수 없었다.)

(4) **as long as**: ~할 때까지, ~하는 한

   I'll love you **as long as** I live. (내가 살아 있는 한 나는 너를 사랑하겠다.)

(5) **so long as**: ~하기만 하면

   So long as you return the book by Saturday, I will lend it to you again with **pleasure.** (그 책을 토요일까지 반환한다면 기꺼이 그것을 다시 빌려 주겠다.)

Check It Out!

as soon as + S + V (~하자마자)

As soon as he entered the room, the phone rang. (그가 방에 들어서자마자 전화벨이 울렸다.)

= No sooner had he entered the room than the phone rang.

= Hardly(Scarcely) had he entered the room when(before) the phone rang.

= On his entering the room, the phone rang.

Check-up

1 ~ 5

다음 (   ) 안에 문맥상 알맞은 단어를 써 넣으시오.

1. Tom is (   ) kind a boy that all like him.

2. She studied hard so that she (   ) pass the exam.

3. She turned her face away from him lest he (   ) see her tears.

4. It was so hot (   ) I opened the window.

5. I shall never forget you as (   ) as I live.

1. Tom은 너무 친절한 소년이어서 모두가 그를 좋아한다.

2. 그녀는 시험에 통과하기 위해 열심히 공부했다.

3. 그녀는 그가 눈물 흘리는 것을 보지 않도록 그에게서 얼굴을 돌렸다.

4. 날씨가 너무 더워서 나는 창문을 열었다.

5. 내가 살아 있는 동안은 너를 결코 잊지 않을 것이다.

＊문제 해결＊ 1. [so ~ that 주어 + 동사]은 '너무 ~해서 …하다' 는 뜻이다.

2. [so that ~ may(can, will)]은 '~하기 위해서' 라는 뜻이다. 시제가 과거이므로 조동사도 과거로 써야 한다.

3. [lest ~ should …]는 '~하지 않도록' 이라는 의미의 목적을 나타내는 구문이다.

4. [so ~ that 주어 + 동사]은 '너무 ~해서 …하다' 는 뜻이다.

5. 내용상 '~하는 한' 이라는 의미의 접속사가 필요하므로 as long as가 적절하다.

정답 1. **so** 2. **might(could, would)** 3. **should** 4. **that** 5. **long**

---

6 ~ 8 ● ● ●

같은 뜻이 되도록 ( ) 안에 알맞은 말을 써 넣으시오.

6. I worked hard so that I might not fail.

= I worked hard (   ) I should fail.

7. Children go to school in order that they may learn things.

= Children go to school so (   ) they may learn things.

8. He was too old to run fast.

= He was so old (   ) he (   ) run fast.

＊전문 해석＊ 6. 나는 실패하지 않도록 열심히 공부했다.

7. 아이들은 여러 가지 것들을 배우기 위해 학교에 간다.

8. 그는 너무 나이가 많아서 빨리 달릴 수 없다.

＊문제 해결＊ 6. [so that ～ may not …](=lest ～ should …)은 '～하지 않도록'이라는 의미의 목적을 나타내는 구문이다.

7. [in order that 주어＋may …](=so that 주어＋may …)는 '～하기 위해서'라는 뜻이다.

8. [too ～ to 동사원형](=so ～ that 주어＋can't 동사원형)은 '너무 ～해서 …할 수 없다'는 뜻이다.

정답 6. **lest** 7. **that** 8. **that, couldn't**

수사 읽기 ❻ – 소수

소 수	읽 기
0.08	(zero) point zero(ou) eight
0.068	nought point nought six eight
3.14359	three point one four three five nine
15.49	fifteen point four nine

수사 읽기 ❼ – 수식

수 식	읽 기
3＋4＝7	Three and four is(makes) seven. Three plus four is(equals) seven.
8－3＝5	Three from eight is(leaves) five. Eight minus three is(equals) five.
4×7＝28	Four times seven is twenty-eight. Four multiplied by seven equals twenty-eight.
24÷6＝4	Twenty-four into six goes four. Twenty-four divided by six equals four.

01 밑줄 친 ①~⑤ 중 어법상 틀린 곳은?

Not only ①<u>my sister</u> ②<u>and</u> also I ③<u>am</u> ④<u>invited</u> to Jane's ⑤<u>party</u>.

02 두 문장이 같은 뜻이 되도록 빈칸에 알맞은 단어를 쓰시오.

I opened the window because it was too hot.

= It was too hot, _____ I opened the window.

03 괄호 안에서 알맞은 말을 골라 차례대로 쓰시오.

I don't like cats, dogs, (and, but) monkeys. They're cute (so, but) noisy. I like snakes (and, but) lizards. They're ugly (so, but) quiet. Which do you like, dogs (or, but) snakes?

[4~8] 내용이 자연스럽게 이어지도록 연결하시오.

04 I believe

    • ⓐ because you practice it very hard.

05 It was 10 p.m.

    • ⓑ after you study design

06 Knock on the door

    • ⓒ that the song will get popular soon.

07 You can be a designer

    • ⓓ when we arrived in the city.

08 You play soccer well

    • ⓔ before you come in.

09 빈칸 (A)와 (B)에 적절한 것끼리 짝지은 것은?

One day, as Samuel was passing the house, the front door opened and the doctor came out with his daughter. She was about Samuel's age, and she was the most beautiful girl that Samuel had ever seen. ___(A)___ Samuel looked at her, he knew she was going to be his wife. ___(B)___ how he was going to work that miracle, but he only knew that he had to. Every day after that, Samuel found an excuse to be near her house, hoping to see her again.

	(A)	(B)
①	Even if	Never he knew
②	As soon as	Never did he know
③	Even if	Never knew he
④	As soon as	Never he knew
⑤	Although	Never did he know

[10~12] 다음 글을 읽고, 물음에 답하시오.

The political changes in South Africa recently have done very little to help black farm laborers. Apartheid laws made (A)<u>it/them</u> almost impossible for blacks to own land, forcing them to remain laborers for life. The white farmers also used their advantageous position to further weaken the worker's position, reducing them almost to the level of slaves. The workers have lived in small huts without electricity or running water. (B)<u>Since/When</u> the housing was provided to the workers by the farm owners, losing one's job meant losing one's home as well. And before the new labor laws were established last year, owners could have fired workers freely. The new government in Pretoria (the capital) is seeking to change all that, but transition will be slow. Since nearly all of the laborers can't read or write, it is difficult to communicate to them in order to let them know what their new rights are. And so far, the laws require that workers (C)<u>complain/will complain</u> about bad treatment, before the government can act to help them. Things are definitely changing in South Africa, but the change is _____.

10 위 글의 밑줄 친 (A), (B), (C)에서 어법에 맞는 표현을 골라 짝지은 것으로 가장 적절한 것을 고르시오.

	(A)	(B)	(C)
①	it	Since	complain
②	it	when	complain
③	them	Since	will complain
④	them	when	will complain
⑤	them	when	complain

11 위 글의 빈칸에 가장 적절한 것을 고르시오.

① usual   ② fast

③ impossible   ④ slow

⑤ difficult

12 위 글의 내용과 일치하지 <u>않는</u> 것은?

① 인종차별법은 흑인들이 땅을 소유하지 못하게 했다.

② 남아프리카 공화국의 상황은 바뀌고 있다.

③ 노동자들은 작은 오두막에서 비참한 생활을 했다.

④ 정치적 변화는 흑인 농업 노동자에게 큰 역할을 했다.

⑤ 새 법률이 제정되기 전에는 노동자를 마음대로 해고할 수 없었다.

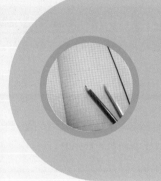

Second Step 수식어구 관련 필수 문법요소

04 일치와 특수구문

Case 56~58

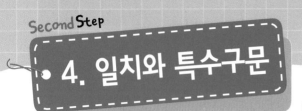

4. 일치와 특수구문

Case 56~58

Case 56 – 주어와 동사의 일치

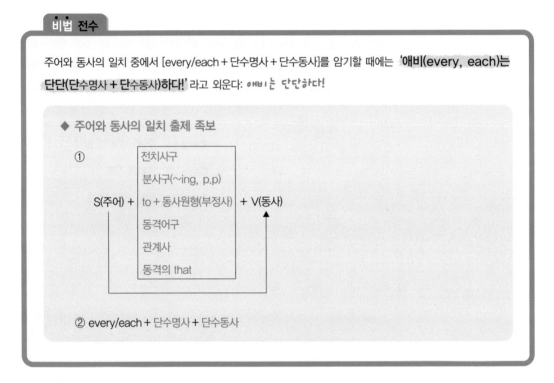

비법 전수

주어와 동사의 일치 중에서 [every/each + 단수명사 + 단수동사]를 암기할 때에는 '**애비(every, each)는 단단(단수명사 + 단수동사)하다!**' 라고 외운다: 애비는 단단하다!

◆ 주어와 동사의 일치 출제 족보

① S(주어) + [전치사구 / 분사구(~ing, p.p) / to + 동사원형(부정사) / 동격어구 / 관계사 / 동격의 that] + V(동사)

② every/each + 단수명사 + 단수동사

주어와 동사의 일치란 동사의 형태를 주어의 수와 일치시키는 것을 가리킨다. 수의 일치가 되지 않아 비문법적인 문장이 되는 경우가 많이 있으므로 특히 주의해야 한다.

(1) 삽입 어구와 수의 일치

Students *who click their pens* annoy me.

(펜을 딸깍거리는 학생들은 나를 성가시게 한다.)

The price *of candles in many stores* has doubled.

(많은 가게에서 양초 가격이 두 배로 올랐다.)

(2) every/each + 단수명사 + 단수동사

Each *student has* his own desk and chair.

(각각의 학생들은 자신의 책상과 의자를 가지고 있다.)

Every *boy and girl likes* computer games.

(모든 소년소녀들은 컴퓨터 게임을 좋아한다.)

(3) 상관관계의 주어와 동사 일치

① not only A but (also) B: A뿐만 아니라 B도 [B에 일치] (= B as well as A)

Not only you but also *he* is invited. (너뿐만 아니라 그도 초대 받았다.)

= *He* as well as you is invited.

② either A or B: A나 B 중의 하나 [B에 일치]

Either you or *he* has to go there. (너나 그 중의 하나가 그 곳에 가야 한다.)

③ neither A nor B: A와 B 어느 쪽도 아닌 [B에 일치]

Neither John nor *his parents* are at home. (John과 그의 부모님들은 집에 없다.)

Check It Out!

주격 관계대명사 뒤에 나오는 동사는 선행사에 일치

① They are dealing with the toy that is like part of the family. (그들은 한 가족과 같은 그 장난감을 다루고 있다.)

② We know the man who speaks English well. (우리는 영어를 잘하는 남자를 알고 있다.)

1 ~ 5

틀린 부분을 찾아 바르게 고쳐 쓰시오.

1. Every girl in this town like him.

2. People living in a society shares a culture.

3. The easiest thing to recycle are probably paper.

4. Either the students or the teacher have your book.

5. Not only he but also his parents is responsible for the failure.

✳전문 해석✳
1. 이 마을의 모든 소녀들은 그를 좋아한다.
2. 한 사회에 사는 사람들은 문화를 공유한다.
3. 재활용하기에 제일 쉬운 것은 아마 종이일 것이다.
4. 학생들이나 교사가 너의 책을 가지고 있다.
5. 그뿐만 아니라 그의 부모들까지 그 실패에 책임이 있다.

✳문제 해결✳
1. every는 단수명사와 단수동사를 취한다.
2. 주어인 People에 동사를 일치시킨다.
3. 주어인 The easiest thing(단수)이고 to recycle은 후위에서 문장의 주어를 수식하는 형용사적 용법의 부정사이다.
4. either A or B는 'A나 B 중의 하나' 라는 뜻으로 동사는 B에 일치에 일치시킨다.
5. not only A but (also) B는 B에 일치시키므로 are가 적절하다.

✳어휘 해결✳ **share** 공유하다 / **be responsible for** ~에 대해 책임이 있다

정답 1. like → likes 2. shares → share 3. are → is 4. have → has 5. is → are

괄호 안에서 알맞은 동사를 고르시오.

6. I as well as you (are, am) worried about the matter.

7. The people who live on the desert (move, moves) about a great deal.

8. Each boy (has, have) his own schoolbag.

9. The building where we have our offices (is, are) very modern.

10. The interactions between the Earth and its atmosphere (is, are) complex.

＊전문 해석＊　6. 너뿐만 아니라 나도 그 문제에 관해 걱정한다.
7. 사막에 사는 사람들은 많이 이동한다.
8. 각각의 소년들은 자기 자신의 학교 가방을 가지고 있다.
9. 우리의 회사가 있는 건물은 매우 현대적이다.
10. 지구와 그 대기 사이의 상호작용은 복잡하다.

＊문제 해결＊　6. B as well as A는 'A뿐만 아니라 B도'라는 뜻으로 동사는 B에 일치시킨다.
7. who live on the desert는 주어 The people(복수)을 수식하는 수식어구이다.
8. each는 단수명사와 단수동사를 취한다.
9. where we have our offices는 문장 주어인 The building(단수)을 수식하는 관계사절이다.
10. 문장 주어는 The interactions(복수)이다.

＊어휘 해결＊　**desert** 사막 / **interaction** 상호작용 / **atmosphere** 대기 / **complex** 복잡한

 정답　6. am 7. move 8. has 9. is 10. are

Case 57 - 도치와 강조

부정어(Never, Little, Hardly, Seldom 등)가 강조를 위해 문두로 나가게 되면 도치가 이루어진다. 암기할 때에는 **'부정어! 도치(동사 + 주어)!'** 라고 구호를 외우듯이 암기한다: **부정어! 도치!**

◆ 도치와 강조 출제 족보

① **도치**: 부정어(Never, Little, Hardly, Seldom 등) + 동사 + 주어
② **강조**: It is(was) 강조할 내용(주어, 목적어, 부사어구) that do(does, did) + 동사원형 [동사의 강조]

도치구문은 평서문에서 동사가 주어 앞에 위치하는 구문을 말한다. 강조하기 위한 경우가 많지만 관용적으로 도치가 일어나는 경우도 있다. 문장에서 특정한 부분을 강조해서 말하고 싶을 때 어순을 도치시키기도 하고, 강조어구를 사용하기도 한다.

(1) 도치

① **부정어의 도치**: 부정어(Never, Little, Hardly, Seldom 등) + 동사 + 주어

Never *have I seen* such a big spider before.

(나는 전에 그렇게 큰 거미를 본 적이 없다.)

② **부사어구의 도치**

Only yesterday *did I realize* what was going on.

(단지 어제서야 나는 무슨 일이 일어나고 있는지를 깨달았다.)

③ **관용적인 도치**: So(Neither) + 동사 + 주어

All the shops were closed, and so were the cinemas.

(모든 가게들이 문을 닫았고, 극장도 마찬가지였다.)

(2) 강조

① [It is(was) ~ that …] 구문을 이용한 강조

It was John **that** phoned me last Sunday.

(지난 일요일에 나에게 전화한 사람은 바로 John이었다.)

② 동사의 강조: do(does, did) + 동사원형

You do look nice today! (너 오늘 정말 멋있어 보이는구나!)

③ 의문사의 강조: 의문사 뒤에 on earth, in the world(도대체)를 쓴다.

How on earth did you solve this problem? (도대체 어떻게 이 문제를 풀었니?)

Check It Out!

강조를 위한 도치

① 목적어의 도치

What she said I cannot believe. (그녀가 말한 것을 나는 믿을 수 없다.)

② 보어의 도치

Blessed are the poor in spirit, for theirs is the kingdom of heaven.

(마음이 가난한 자는 복이 있나니 천국이 저희 것임이요.)

③ [(장소 · 방향의) 부사(구) + 동사 + 주어] 구문

On the platform was a handsome gentleman. (승강장에 잘 생긴 신사가 있었다.)

1~3 ● ● ●

다음 각 문장을 주어진 부분으로 시작하여 다시 쓰시오.

1. I had hardly arrived when the trouble started.

→ Hardly _____ .

2. You shouldn't sign the form under any condition.

→ Under no condition _____ .

3. I never saw such a strange fellow.

→ Never _____ .

＊전문 해석＊ 1. 내가 도착하자마자 그 문제가 시작되었다.
2. 어떤 상황에서도 그 용지에 서명해서는 안 된다.
3. 나는 그런 이상한 녀석을 본 적이 없다.

＊문제 해결＊ 1, 3. 부정의 부사인 hardly, never가 강조를 위해 문장 앞에 위치하므로 주어와 동사가 도치되어야 한다.
2. not under any condition을 under no condition으로 바꾸어 문장 앞에 위치시키고 주어와 동사의 도치가 일어나는 구조이다.

정답 1. had I arrived when the trouble started 2. should you sign the form 3. did I see such a strange fellow

4 ~ 7 ● ● ●

밑줄 친 부분을 강조하여 문장을 다시 쓰시오.

4. He <u>says</u> that she will make good.

→ _____

5. I saw her in the park <u>last night</u>.

→ _____

6. I <u>never</u> visited the beautiful church.

→ _____

7. <u>What</u> are you talking about now?

→ _____

✽전문 해석✽
4. 그는 그녀가 성공할 것이라고 말한다.
5. 나는 어제 밤 공원에서 그녀를 보았다.
6. 나는 결코 그 아름다운 교회를 방문하지 않았다.
7. 너는 지금 무엇에 대해 말하고 있니?

✽문제 해결✽
4. 동사를 강조할 때에는 강조의 조동사 do를 시제와 인칭에 맞게 쓴 후 동사원형을 쓴다.
5. last night과 같은 부사구를 강조할 때에는 It is(was) ~ that 사이에 강조하는 부분을 쓰고, 나머지 문장을 that이하에 놓는다. 때를 나타내는 부사구가 강조될 때에는 that을 when으로 바꾸어 쓸 수 있다.
6. never와 같은 부정어를 강조할 때에는 부정어를 문두에 위치시키고 '주어와 동사'를 도치시켜서 쓴다.
7. what과 같은 의문사를 강조할 때에는 on earth나 in the world를 의문사 바로 다음에 놓는다.

✽어휘 해결✽ **make good** 성공하다

정답 4. He does say that she will make good. 5. It was last night that(when) I saw her in the park.
6. Never did I visit the beautiful church. 7. What on earth(in the world) are you talking about now?

비법 전수

생략은 '동일어구의 생략, 부사절에서 [주어 + be동사] 생략, 목적격 관계대명사, [주격 관계대명사 + be동사] 의 생략, 감탄문에서 생략' 일 때 일어난다. 암기할 때는 첫 글자를 조합하여 '**생략은 동**(동일어구)**부**(부사절)**주관**(주격 관계대명사) **목관**(목적격 관계대명사)**악기 감타**(감탄문)**기 대회에서 자주 보게 된다!**'라고 외운다: 생략은 동부주관 목관악기 감타기 대회에서 자주 보게 된다!

◆ 생략, 삽입, 동격 출제 족보

① **생략:** 동일어구의 생략, 부사절에서 [주어 + be동사] 생략, 목적격 관계대명사,

　　[주격 관계대명사 + be동사]의 생략, 감탄문에서 생략

② **삽입:** so to speak(=as it were)(말하자면), in fact(사실은), in short(요컨대) 등

다른 언어와 마찬가지로 영어에서도 불필요한 말이나 반복되는 말을 생략하는 특성이 있다. 생략은 '동일어구의 생략, 부사절에서 [주어 + be동사] 생략, 목적격 관계대명사, [주격 관계대명사 + be동사]의 생략, 감탄문에서 생략' 일 때 일어난다. 삽입은 글 안에 보충 설명을 위해 다른 어구나 절을 첨가하는 경우를 말한다.

(1) 생략

① 동일어구의 생략

He went to Singapore and she (went) to London.

(그는 싱가포르에 갔고 그녀는 런던에 갔다.)

I'd like to come, but I don't have time to (come). (가고 싶지만 나는 갈 시간이 없다.)

② 부사절에서 [주어 + be동사] 생략

When (she was) young, she was very beautiful.

(그녀가 어렸을 때, 그녀는 매우 아름다웠다.)

I'd like to see you if (it is) possible. (가능하다면 당신을 뵙고 싶습니다.)

③ 목적격 관계대명사, [주격 관계대명사 + be동사]의 생략

I've made many friends (whom) I will keep for the rest of my life.

(나는 평생 간직할 많은 친구를 사귀어 왔다.)

The boy (who is) playing the guitar is my brother.

(기타를 연주하고 있는 소년은 내 남동생이다.)

④ 감탄문에서 생략: [주어(대명사) + 동사]의 생략

What a beautiful girl (she is)! (정말 아름다운 소녀구나!)

(2) **삽입**: 문장 안에 어떤 말을 끼워 넣는 것을 삽입이라고 한다. 끼어든 말을 삭제해도 문장은 성립한다.

① He is, as it were, a walking dictionary. (그는 말하자면 걸어 다니는 사전이다.)

② I was, to tell the truth, utterly helpless then.

(사실을 말하면 나는 당시 완전히 무력했다.)

(3) **동격**: 어떤 명사 또는 명사 상당어구를 보충 설명하기 위해서 다른 명사나 명사 상당어구를 병행하는 경우를 말한다.

Mr. Kim, our math teacher, is very strict. [명사 – 명사]

(수학 선생님이신 김 선생님은 매우 엄격하다.)

He has only one hope, to be a teacher. [명사 – 부정사]

(그는 선생님이 되겠다는 한 가지 유일한 희망을 가지고 있다.)

Check It Out!

관계대명사 구문 속의 삽입절

① She is the woman who I think is very rich. (그녀는 내가 생각하기에 부자인 여자이다.)

② You must do what you think is right. (너는 네가 생각하기에 옳은 일을 해야만 한다.)

위 문장을 자세히 보면 think라는 동사 다음에 be동사가 쓰였다. 하나의 절 안에서 동사가 두 개 쓰일 수 없으므로 두 개의 동사 중 하나는 삽입된 말임을 알 수 있다. 주로 관계대명사 다음에 바로 I think나 you think 등이 오고 동사가 또 나오면 삽입된 구문임을 알 수 있다.

※ **부정사와 동명사를 둘 다 취하는 것 →** 베컨 프리 프로 (begin, continue, prefer, propose)

Check-up

1 ~ 5

생략할 수 있는 부분을 찾아 괄호를 치시오.

1. When I was a boy, I used to climb up this tree.

2. This is the book which was written by David Marr.

3. One of my uncles lives in Busan, and the other lives in Seoul

4. Here is a girl that I love.

5. She speaks English as fluently as you speak English.

＊전문 해석＊
1. 내가 소년이었을 때, 나는 이 나무를 오르곤 했다.
2. 이 책은 David Marr가 쓴 것이다.
3. 삼촌 중의 한 분은 부산에 사시고, 나머지 한 분은 서울에 산다.
4. 나를 사랑하는 소녀가 여기에 있다.
5. 그녀는 너만큼 영어를 유창하게 말한다.

1~5. 생략은 '동일어구의 생략, 부사절에서 [주어+be동사] 생략, 목적격 관계대명사, [주격 관계대명사+be동사]의 생략, 감탄문에서 생략'일 때 일어난다.

정답 1. (I was) 2. (which was) 3. other (lives) 4. (that) 5. you (speak English)

6~10

다음 문장을 우리말로 옮기시오.

6. This is the watch he gave me.

7. As a result, he passed the final exam.

8. She has one aim, to be a famous golfer.

9. When alone, my mom felt lonely last night.

10. What a wonderful day!

6. watch와 he 사이에 목적격 관계대명사 which(that)가 생략되었다.

7. as a result는 '결과적으로'라는 뜻이다.

8. one aim과 to be a famous golfer는 동격이다.

9. When (she was) alone이었는데, 부사절에서 [주어+be동사]는 생략할 수 있으므로 she was가 생략되었다.

10. What a wonderful day (it is)!에서 it is가 생략되었다.

as a result 결과적으로 / **aim** 목적, 목표 / **lonely** 외로운

정답 6. 이것은 그가 나에게 준 시계이다. 7. 결과적으로 그는 기말고사에 통과했다. 8. 그녀는 유명한 골프 선수가 되겠다는 한 가지 목적을 가지고 있다. 9. 어젯밤 엄마가 혼자 있었을 때 외로움을 느꼈다. 10. 멋진 날이구나!

[1~2] 빈칸에 알맞은 말로 가장 적절한 것은?

01

> Animals which are in cage _____ not happy.

① is   ② are
③ be   ④ being
⑤ was

02

> Who _____ broke the window yesterday?

① did it that   ② it was that
③ was it that   ④ would it that
⑤ that it was

03 [보기]의 밑줄 친 부분과 쓰임이 같은 것은?

| 보기 | I do know the fact.

① Do you know who she is?
② He does his best to finish the work.
③ You speak English better than I do.
④ Do be careful about your health.
⑤ What do you usually do on Sundays?

04 다음 밑줄 친 부분 중 생략할 수 <u>없는</u> 것은?

① I want to go with you if <u>it is</u> possible.

② While <u>I was</u> reading a book, Choco, my dog, fell asleep.

③ He was thirty years old, and his wife <u>was</u> twenty-four <u>years old</u>.

④ Hate breeds hate, and violence <u>breeds</u> violence.

⑤ Do you know the man <u>who is</u> singing there?

05 우리말을 영어로 바르게 옮긴 것은?

> 그녀를 여기서 만나리라고는 전혀 생각하지 못했다.

① Never I thought I would meet her here.

② Never I thought I meet her here.

③ Never do I think I would meet her here.

④ Never did I think I meet her here.

⑤ Never did I think I would meet her here.

06 생략된 부분을 보충하여 밑줄 친 부분을 완성하시오.

> Do you find it interesting to look back and recollect some of the important events of your life? What stands out most vividly in your mind as you think of the past? <u>Your first day at school</u>? Or your first summer at camp? Or the day you moved into a new neighborhood? Or your first plane ride? And if some of these memories are exciting, imagine all the new experience still in store for you!

_____ your first day at school _____?

07 밑줄 친 (A), (B), (C)에서 어법에 맞는 표현을 골라 짝지은 것으로 가장 적절한 것을 고르시오.

Have you ever heard of the following interesting story up to now? When not (A)<u>using/used</u> in hitchhiking, the thumbs-up gesture in American culture typically indicates approval, while the thumbs-down gesture indicates disapproval. The gesture has been linked to the time of the Roman arena, (B)<u>where/when</u> the emperor supposedly ordered life or death for a gladiator by (C)<u>turning/turn</u> thumbs up or thumbs down.

	(A)	(B)	(C)
①	using	where	turning
②	using	when	turning
③	using	where	turn
④	used	when	turn
⑤	used	where	turning

08 다음 글에서 밑줄 친 부분 중, 어법상 틀린 것은?

A favorite fish of many hobbyists ①<u>are</u> the Japanese carp, commonly known as the koi. The fascinating thing about the koi is ②<u>that</u> if you keep it in a small fish bowl, it will only grow to be two or three inches long. Place the koi in a larger tank or small pond, ③<u>and</u> it will reach six to ten inches. Put it in a large pond, and it may get as long as a foot and a half. However, ④<u>when placed</u> in a huge lake ⑤<u>where</u> it can really stretch out, it has the potential to reach sizes up to three feet.

Final
Test

•제 1회 ～ 5회•

제 1회

01 다음 빈칸에 들어갈 알맞은 말을 고르시오.

> Tom and Susan are a fantastic couple, _____?

① is he　　　　　　　② isn't she

③ are they　　　　　④ aren't they

⑤ isn't he and she

02 다음 문장의 빈칸에 an(An)이 들어가기에 알맞은 것은?

① Jindo is _____ island.

② Jim likes _____ girl.

③ _____ sun rises in the east.

④ Did you have _____ dinner with Jim?

⑤ Mr. Kim works eight hours _____ day.

03 다음 우리말을 영어로 바르게 옮긴 것은?

> 너는 항상 주의 깊게 운전을 해야만 한다.

① You should always drive careful.

② You always should drive carefully.

③ You should always drive carefully.

④ You always should drive careful.

⑤ You drive always should carefully.

04 다음 ( ) 안의 낱말을 바르게 배열하시오.

A: What (nice, a, park)!

B: Yes, it really is.

05 다음 표를 보고 빈칸에 알맞은 말을 쓰시오.

	Tom	Ann
Height	175cm	172cm

A: Who is taller, Tom or Ann?

B: Tom is _____ _____ Ann.

[6~8] 다음 글을 읽고, 물음에 답하시오.

While listening ( ) the election results, Kennedy spoke on the phone with his running mate, Lyndon Johnson. Later Kennedy reported that Johnson had told him, "(1)You're losing Ohio, but (2)we're doing fine in Pennsylvania."

*running mate: 부통령 출마자

06 위 글의 ( )에 알맞은 전치사를 쓰시오.

07 위 글의 밑줄 친 (1), (2)는 각각 누구를 가리키는지 쓰시오.

(1) _____   (2) _____

08 위 글의 Lyndon Johnson이 말한 것과 가장 관련이 깊은 말은?

① 잘되면 내 탓, 못되면 조상 탓.
② 아니 땐 굴뚝에 연기 나랴.
③ 쥐구멍에도 볕들 날 있다.
④ 좋은 일이 있으면 궂은일도 있다.
⑤ 끝이 좋아야 모든 것이 좋다.

09 밑줄 친 부분 중, 어법이 잘못된 것끼리 짝지은 것은?

> The edge of the sea is a (A)strange and beautiful place. All through the long history of Earth it has been an area of unrest. For no two successive days (B)is the shoreline precisely the same. Not only (C)the tides advance and retreat in their eternal rhythms, but the level of the sea (D)itself is never at rest. It rises or falls as the glaciers melt or grow, as the floor of the deep ocean shifts under (E)their increasing load of sediments.

① (A), (B)   ② (A), (E)   ③ (B), (D)
④ (C), (D)   ⑤ (C), (E)

10 밑줄 친 (A), (B), (C)에서 어법에 맞는 표현을 골라 짝지은 것으로 가장 적절한 것을 고르시오.

The roadrunner lives in the desert zone of the southwestern United States and northern Mexico. It is a bird, but it can only fly about as (A)many/much as a chicken can. People gave it this name because they usually saw it running across a road, but, of course, it spends more time among the plants of the desert than it (B)is/does on roads. The roadrunner is quite a large bird — about 45 centimeters long and 25 centimeters high. People laugh when it runs because it look so funny. It holds the head straight out in front of it and (C)its/it's tail sticks straight out behind it. It takes long steps and can run 30 kilometers an hour.

*roadrunner (멕시코와 미국 남서부의 사막에 사는) 큰 도로 경주 뻐꾸기

	(A)	(B)	(C)
①	many	is	its
②	much	does	its
③	many	does	it's
④	much	is	it's
⑤	much	is	its

제 2회

[1~2] 다음 빈칸에 들어갈 수 없는 것은?

01

He looks _____.

① angry   ② rich
③ young   ④ sick
⑤ happily

02

He will wait for you at the library _____.

① last night   ② tonight
③ tomorrow morning   ④ this evening
⑤ the day after tomorrow

03 다음 [보기]의 밑줄 친 that과 같은 용법으로 쓰인 것은?

[보기] Who is <u>that</u> girl?

① That is not a book.
② Is that your sister?
③ What is that?
④ That isn't a doctor.
⑤ That boy is a student.

[4~5] 다음 대화를 읽고, 물음에 답하시오.

> A: Hi, Minsu. Happy birthday!
>
> B: Hi, Jenny. Thank you for (come). Can I take your coat?
>
> A: Thanks. Wow! 정말 대단한 파티구나!

04 위 대화에서 괄호 안의 (come)을 알맞은 형태로 고쳐 쓰시오.

05 위 대화의 밑줄 친 우리말을 영어로 옮길 때 빈칸에 알맞은 말을 써 넣으시오.

[6~8] 다음 대화를 읽고, 물음에 답하시오.

> Tom: What ⓐ(weekend, do, on, you, do)?
>
> Ted: I play soccer ⓑ_____ my friends. What about you?
>
> Tom: I make model cars ⓒ_____ my brother.
>
> Ted: Does your sister make ⓓthem, too?
>
> Tom: No, she doesn't. She plays the violin.

06 위 대화의 ⓐ를 문맥에 맞게 배열하시오.

07 위 대화의 빈 칸 ⓑ, ⓒ에 공통으로 알맞은 것은?

① to
② for
③ with
④ at
⑤ of

08 위 대화에서 밑줄 친 ⓓ가 가리키는 것을 찾아 영어로 쓰시오.

[9~10] 밑줄 친 (A), (B), (C)에서 어법에 맞는 표현을 골라 짝지은 것으로 가장 적절한 것을 고르시오.

09

For millions of youths in rural areas of the world, modern Western culture appears far superior to their own. All they can see (A)is/are the material side of the Western culture. They cannot so easily see the social or psychological problems such as stress and loneliness. Nor (B)they can/can they see environmental problems, inflation, or unemployment. On the other hand, they know their own culture inside out, including all (C)its/their limitations and imperfections. They take for granted having peace of mind and the warm family and community relations of their village.

	(A)	(B)	(C)
①	is	they can	its
②	is	they can	their
③	is	can they	its
④	are	can they	their
⑤	are	can they	its

10

Chimpanzees, skillful tool-users, (A)<u>use/are used</u> several objects in their environment as tools. First of all, they use sticks. They have been seen inserting carefully trimmed sticks into termite mounds and then withdrawing the sticks and (B)<u>ate/eating</u> the termites that cling to them. They also are known to use sticks to steal honey from beehives. Chimps use leaves in a variety of ingenious ways. For example, they have been seen rolling leaves to use as drinking cups, dampening them and using them to clean their bodies, and chewing them until (C)<u>it/they</u> can serve as sponges.

	(A)	(B)	(C)
①	use	eating	they
②	use	ate	they
③	use	eating	it
④	are used	ate	it
⑤	are used	eating	they

제 3회

01 다음 빈칸에 공통으로 들어갈 말을 고르시오.

> A: Is _____ a bank near here?
>
> B: Yes, _____ is one behind the supermarket.

① this   ② that

③ it   ④ there

⑤ these

02 다음 중 어법상 어색한 것은?

① My cell phone looks better than yours.

② Who is the strongest man in the world?

③ Your room is much cleaner than his.

④ The pink shirt looks nice than the blue one.

⑤ John runs as fast as Harry.

03 다음 빈칸에 들어갈 수 없는 말은?

> He _____ goes to the library after school.

① very   ② always

③ sometimes   ④ often

⑤ usually

[4~5] 다음 글을 읽고, 물음에 답하시오.

Dear Minsu,

What will you do ___(A)___ Sunday? I'll go shopping. Would you like to come with me? I'm thinking of getting a new bike. I want to see you at your place ___(B)___ 11 o'clock. Good-bye.

Sandy

---

04 위 글의 밑줄 친 (A)와 (B)에 알맞은 전치사를 각각 쓰시오.

(A): _____   (B): _____

05 위 글에서 Sandy에 대한 설명이 본문의 내용과 <u>다른</u> 것은?

① 일요일에 쇼핑할 것이다.
② 새 자전거를 살 것이다.
③ Minsu의 집에 갈 것이다.
④ Minsu와 11시에 만나길 원한다.
⑤ 혼자 쇼핑하는 것을 좋아한다.

[6~8] 밑줄 친 (A), (B), (C)에서 어법에 맞는 표현을 골라 짝지은 것으로 가장 적절한 것을 고르시오.

06

The reason that we do not know very much about the first languages (A)is/are that they were never written down. Once people had words, they could tell one another what they were thinking. But as soon as someone (B)said/has said something, that person's idea would be gone unless other people could remember (C)that/what had been said. Then, about 5,000 years ago, people invented writing. This means that a person's thoughts could be put down for others to see and remember, even when the person was not there. But in the first of writing did not use letters as we do today.

	(A)	(B)	(C)
①	is	said	that
②	is	has said	what
③	is	said	what
④	are	has said	what
⑤	are	has said	that

07

A recently released study on co-education strongly suggested public schools were not doing enough to ensure that boys and girls were treated equally. If focused on the fact (A)that/which teachers tend to call on boys more than on girls. However, I don't agree. Girls need to have boys in the classroom. They need experience and training (B)while/during in school. Imagine that a young woman who has never been in intellectual competition with men enters a management meeting where only men are present. Is she going to hold her own, or is she going to become anxious and tongue-tied because her male colleagues don't use the "nurturing" style supposedly (C)employing/employed more by women than by men?

	(A)	(B)	(C)
①	that	while	employing
②	that	during	employing
③	that	while	employed
④	which	while	employing
⑤	which	during	employed

08

Wildlife officials have suggestions on what to do and not to do if you see a bear. First of all, back away slowly. If the bear sees you, stand up and (A)rise/raise your arms, so that you look as (B)large/largely as you can. Don't get down thinking the bear will avoid you if you appear small. If the bear charges, try yelling and throwing rocks at it. Don't run away even then — the bear is faster than you. If the animal attacks you, cover your head and neck and bring your legs up into your chest. Don't (C)lie/lay flat on the ground looking as if you are dead. The bear is not likely to believe you are dead and ignore you.

	(A)	(B)	(C)
①	rise	large	lie
②	rise	largely	lie
③	rise	large	lay
④	raise	largely	lay
⑤	raise	large	lie

Final Test

[9~10] 다음을 읽고 물음에 답하시오.

> Maria ①was born and grew up with her family in Kosice. She is currently in her second year of studies at the medical faculty at the University of Presov, ②nursing being her major. She works part time in a cafe. Maria enjoys ③to study foreign languages and (reading nonfiction as well as fiction). she also likes ④taking part in knowledge contests and quiz shows; she once had the opportunity of being part of "Who Wants to be a Millionaire?" and ⑤won approx. $1,500.

09 위 글의 밑줄 친 부분 중 어법상 어색한 것은?

①   ②   ③   ④   ⑤

10 위 글의 괄호 안의 어구와 같은 의미가 되도록 다음 빈칸을 채우시오.

> reading nonfiction as well as fiction
>
> = reading _____ _____ fiction _____ _____ nonfiction

— 제 4회 —

[1~3] 다음 빈칸에 알맞은 말을 [보기]에서 골라 쓰시오.

> [보기] and   but   or   after   when

01 You can go out _____ you wash the dishes.

02 She is honest, _____ isn't wise.

03 Tom _____ Ann are always together.

04 (A), (B)에 들어갈 대명사를 차례대로 대·소문자에 주의해서 적으시오. ((A): 알파벳 3글자, (B): 알파벳 2글자)

> A: Excuse me. Is there a post office near here?
>
> B: Yes. There is ___(A)___ on First Street. ___(B)___ is next to the supermarket.

05 다음 중 빈칸에 들어갈 말이 나머지와 다른 하나는?

① I have _____ piano.

② This is _____ cup.

③ I have _____ dog.

④ Jane likes to play _____ violin.

⑤ There is _____ teacher in the classroom.

06 밑줄 친 (A), (B), (C)에서 어법에 맞는 표현을 골라 짝지은 것으로 가장 적절한 것을 고르시오.

> When the supervisor and two policemen arrived, I explained how I didn't mind my bag (A)to be/being scrutinized, but that I wanted it returned to me in the exact condition I had (B)handed over it/handed it over. I announced that I wouldn't leave the airport (C)until/after that was accomplished, and if this meant being arrested, I would talk to the press from my cell. The supervisor weighed his choices and voted in my favor. The line was officially closed and I supervised the repacking of my suitcase.

	(A)	(B)	(C)
①	to be	handed over it	until
②	to be	handed it over	after
③	being	handed over it	after
④	being	handed it over	until
⑤	being	handed over it	until

07 어법이 잘못된 것끼리 짝지은 것은?

> There (A)are some significant repercussions from Korea's successful efforts to change the country's pre-war image from (B)that of poor, undeveloped country to modern industrialized nation. The 1988 Olympics brought Korea's progress to world attention. The world quit (C)to think of Korea as a bombed-out war zone. Suddenly foreign governments and businesses stopped (D)to see Korea as a bombed-out war zone and entitled Korea to the special treatment of a developing country. Foreign governments began (E)to see Korea as an advanced economic competitor.
>
> *repercussion 반향

① (A), (B)　　　　　　② (A), (C)

③ (B), (E)　　　　　　④ (C), (D)

⑤ (D), (E)

08 빈 칸 (A)와 (B)에 적절한 것끼리 짝지은 것은?

> Once there was a kindly woman farmer. She was a good neighbor and helped those in need whenever she could. But she was not exciting or beautiful and so she was often overlooked by those in the village. One year a great drought occurred and many crops were lost so that the villagers ___(A)___ starvation. The woman farmer had crops because she had bothered to collect rain and well water during the year and could therefore keep ___(B)___. The town's people came and demanded that the woman should share her food. She was a good woman and said she would gladly share and she did.

	(A)	(B)
①	were facing	her crops alive
②	are facing	her crops alive
③	were facing	her crops living
④	are facing	her crops living
⑤	are faced	living her crops

Final Test

[9~10] 다음 글을 읽고, 물음에 답하시오.

> Of all my relatives, I like my Aunt Emily the best. She has never married, and she lives alone in a small village near Bath. She's in her late fifties, but she is still quite young in spirit. When you meet her, the first thing you notice is her lovely, warm smile. Her face is a little wrinkled now, but I think she is still rather attractive. She is the sort of person you can always go to if you have a problem. I hope that 나는 그녀만큼 행복하고 만족하기를 when I'm her age.

09 Emily에 대한 설명 중, 위 글의 내용과 일치하지 <u>않는</u> 것은?

① 50대 후반의 독신녀이다.
② 필자의 집에 함께 살고 있다.
③ 주름이 있지만 여전히 매력적이다.
④ 문제에 대해 상담해 줄 수 있는 사람이다.
⑤ 필자가 친척 중에 가장 좋아하는 사람이다.

10 위 글의 밑줄 친 우리말과 같은 뜻이 되도록 아래에 주어진 말을 바르게 배열하시오.

> she is, I am, happy and contented, as, as

→ _____

제 5회

01 빈칸에 알맞은 것을 고르시오.

> Julia can play the piano, _____?

① can't she
② isn't she
③ shouldn't she
④ doesn't she
⑤ won't she

[2~3] 다음 우리말과 뜻이 같도록 (   ) 안의 말을 바르게 배열하시오.

02

> 그렇게 말해주니 참 고맙구나!
>
> → (say, of, so, nice, to, how, you)!

03

> 그는 학교에 버스로 갑니까, 걸어서 갑니까?
>
> → Does he (by, foot, on, or, bus, school, to, go)?

04 다음 빈칸에 공통으로 알맞은 말을 쓰시오.

> • They didn't go outside _____ it rained.
>
> • I was late for school _____ I missed the bus.

05 빈칸에 알맞은 전치사를 각각 쓰시오.

(1) Do you get up _____ 6 o'clock?

(2) I go to church _____ Sunday.

[6~8] 다음 글을 읽고, 물음에 답하시오.

Dear Ann,

I'm in love with my best friend's boyfriend. ①His name is Peter. I ②think always about him. When I see Peter and my best friend together, they look so ③happy. But I am very jealous of them. ___(A)___ should I do? Should I tell my best friend? Should I tell Peter I love him? I don't want ④to lose my best friend, but I can't ⑤live without Peter. Please help me.

Jessica (age 14)

06 위 글에서 Jessica가 Ann에게 편지를 쓴 목적으로 가장 알맞은 것은?

① 사과하려고　　　　　② 상담하려고

③ 감사하려고　　　　　④ 칭찬하려고

⑤ 비난하려고

07 위 글의 밑줄 친 ①~⑤ 중에서 어법상 올바르지 못한 것은?

①　　　　②　　　　③　　　　④　　　　⑤

08 위 글의 밑줄 친 (A)에 들어갈 가장 적절한 말을 쓰시오.

[9~11] 다음 글을 읽고, 물음에 답하시오.

(A)Interestingly enough/Enough interestingly, however, this division is now becoming blurred. The technological revolution that we are living in at the present has brought with it cellular phones, fax machines, e-mail, and the Internet. This has made people (B)much/many more available. Combine this with the American anxiety to work harder in order to buy more and be better, and what happens very often is that people continue to work even while on vacation. Indeed, it seems to me that (C)although/despite Americans are getting more paid leave than they did ten years ago, they are taking shorter but more frequent vacations. And to be sure, the computer and the cell phone go along, too.

*blur 희미해지다, 흐려지다

09 위 글의 밑줄 친 (A), (B), (C)에서 어법에 맞는 표현을 골라 짝지은 것으로 가장 적절한 것을 고르시오.

	(A)	(B)	(C)
①	Interestingly enough	much	although
②	Interestingly enough	many	although
③	Enough interestingly	much	despite
④	Enough interestingly	many	despite
⑤	Interestingly enough	many	despite

10 위 글의 앞에 올 내용으로 가장 알맞은 것은?

① 휴가가 삶에 미치는 영향　　　　② 일과 휴가가 구분된 생활
③ 휴가가 경제에 미치는 영향　　　　④ 동양과 서양의 휴가 개념의 차이
⑤ 기술의 발전으로 인한 휴가의 확대

11 다음 빈칸에 공통으로 알맞은 말을 위 글에서 찾아 쓰시오.

- Why don't you take a few days' _____?

- Don't _____ the album open on the table.

- You can _____ a message on our answering machine.

＊ 정답 및 해설 ＊

 **Review Test ①**　　**Pages 32-33**

[정답] 1. ③　2. ①　3. ⑤　4. ②　5. ③

01 전문 해석 탁자 위에 발가락 끝을 위로 향하고 발꿈치를 댄다. 천천히 앞으로 기울이고 팔과 머리를 앞으로 가져온다. 이제 팔을 뻗어 발을 잡는다. 코가 무릎에 닿도록 노력한다. 너무 심하게 밀지는 말라. 그 자세를 몇 초간 유지한다. 다리와 등이 펴지는 것을 느껴보라. 다리를 바꾼다. 그리고 몸을 세워서 몇 초간 쉰다.

문제 해결 ③ '~하지 말라'는 금지의 명령은 [Don't + 동사원형]의 형태를 취한다.

어휘 해결 **lean** 기울이다 / **grab** 잡다

[정답] ③

02 전문 해석 나는 내 친구들에게 할 수 있다면 세상을 변화시키기 위해서 무엇을 할 거냐고 물었다. 사회사업가인 내 친구는 "우선, 모든 사람들에게 음식을 주겠다"라고 말했다. 그러나 종교를 가지고 있는 친구는 "비록 모든 사람들의 물질적 욕구가 충족될지라도 사람들은 깊은 내면의 목표를 갖고 있어야 비로소 만족할 것이다. 명상이 바로 그 열쇠이다"라고 말했다. 그리고 요리사 친구는 두 생각을 결합해서 "학교에서 영양학을 가르쳐라, 바른 음식을 먹지 않고서 어떻게 사람들이 올바른 사고를 할 수 있겠는가? 야채를 많이 먹으면 먹을수록 사람들은 더욱 더 현명해질 것이다. 왜냐하면 야채는 정신을 맑게 해주는 식품이기 때문이다"라고 말했다.

문제 해결 ① 동사 ask의 목적어인 간접의문문의 형식(의문사 + 주어 + 동사)으로 쓰여야 하므로 what they would do로 고쳐야 한다. ② meet needs(욕구를 충족시키다)라는 표현에서 목적어가 앞으로 빠져나간 상황이므로 수동태로 올바르게 표현되었다. ③ 앞에 있는 등위접속사 and로 combined와 평행 구조로 연결되었다. ④ proper(적절한)라는 형용사는 명사 thoughts를 수식하고 있다. ⑤ for는 접속사로 쓰여 '왜냐하면'의 뜻이고 뒤에는 [주어 + 동사]가 온다.

어휘 해결 **social worker** 사회사업가 / **spiritual** 종교적인, 정신적인 / **meditation** 명상 / **nutrition** 영양(학) / **enlightened** 계몽된, 개화된, 현명한 / **consciousness** 의식, 자각

[정답] ①

03 전문 해석 우리는 수천 년 전에는 문어 혹은 구어도 없는 사람들이 살았다고 생각한다. 그들의 세계는 우리가 아는 세상과 정말 달랐음에 틀림없다. 문어나 구어가 존재하지 않았기 때문에 이들 옛 시절에 대한 기록은 보관되어 있지 않다. 우리는 단지 말을 갖고 있지 않은 사람들이 어떻게 지냈는지 상상해 볼 수 있을 뿐이다.

문제 해결 감탄문의 어순은 [What + a(n) + 형용사 + 명사 + (주어 + 동사)!]나 [How + 형용사/부사 + (주어 + 동사)!]이다.

어휘 해결 **exist** 존재하다 / **get along** 지내다, 생활하다

[정답] ⑤

04~05 전문 해석 피사 성당의 종탑 건설은 1173년에 시작되었다. 그런데 총 여덟 개 층 중 겨우 세 개 층이 완공되었을 때 탑이 기울기 시작했다. 건축업자들은 기울어진 쪽의 층을 더 높게 짓기로 결정했고 그 결과 탑이 곧아 보이게 되었다. 이 일은 성공적이었고 세계에서 가장 높은 건축물이 되었다. 그러나 과도한 창문의 무게로 인해 경사가 더 심해지자 건축업자들은 공사를 중지하고 다른 해결책을 강구하였다. 하지만, 200년 후 완공되었을 때도 이 종탑은 여전히 남쪽 방향으로 기울어져 있었다. 탑이 계속 기울어지자 사람들은 이것이 결국 무너지게 되는 것은 아닌가하는 의문을 갖게 되었다. 그러한 문제를 해결하기 위해 많은 방법들이 시도되었다. 그러나 그 아무것도 효과가 없었다. 어떤 것은 문제를 더 악화시키기도 했다. 그러다가 1998년 새로운 방법이 시도되었는데, 그것은 작업자들이 탑 북쪽 편의 흙을 파내기 시작하는 것이었다. 2001년경 탑은 안정되어 경사도가 40cm 가량 감소하였다. 수리 작업이 종료되면 탑은 이후로도 300년 동안 서있게 될 것이라 예상된다.

문제 해결 4. 기운 쪽을 더 높게 한 건축가들의 시도는 성공하지 못했으며, 세계에서 가장 높은 건축물이라는 말은 전체 글의 흐름과 무관한 내용이다.
5. (A) '기울기 시작한 것(developed a tilt – 과거)'보다 '완공된 것(had been finished – 대과거)'이 먼저 일어난 것이므로 과거완료(had + 과거분사)로 표현해야 한다.
(B) 사역동사가 수동태가 되면 뒤에 있는 '동사원형'이 'to 동사원형'으로 바뀐다.
(C) 가리키는 대상이 the problem(바로 그것)이므로 대명사 it이 정답이다.

어휘 해결 **tilt** 기울어짐, 경사 / **eventually** 결국, 궁극적으로 / **fix** 수리하다, 수선하다 / **stabilize** 안정화시키다

[정답] 4. ②　5. ③

 **Review Test ②**　　**Pages 56-57**

[정답] 1. **The young living in big city go crazy about the extreme-sports.**　2. **The number of cars in this area is increasing steadily.**　3. **A number of cars made in Korea have been exported to North America and Europe.**　4. ⑤　5. ①　6. ②

01~03 문제 해결 1. [the + 형용사]는 '복수 보통명사'를 나타낼 수 있으므로 the young이 young people의 의미를 가진다.

2, 3. [a number of + 복수명사 + 복수동사]는 '많은 ~'의 뜻을 가지지만, [the number of + 복수명사 + 단수동사]는 '~의 수'란 의미이다.

어휘 해결 **crazy about** 열중한, 열광한 / **extreme-sports** 빠른 스피드와 위험을 즐기는 스포츠 / **steadily** 꾸준히 / **export** 수출하다 cf. **import** 수입하다

[정답] 1. The young living in big city go crazy about the extreme-sports. 2. The number of cars in this area is increasing steadily. 3. A number of cars made in Korea have been exported to North America and Europe.

04 전문 해석 어제 한 거지가 내 문을 두드렸다. 그는 나에게 음식과 맥주 한 잔을 요구했다. 이것에 대한 보답으로 그는 물구나무를 서서 노래를 불렀다. 나는 그에게 음식을 주었다. 그는 음식을 먹고 맥주도 마셨다. 그리고서 그는 한 조각의 치즈를 주머니에 넣고 가버렸다. 후에 이웃이 그에 대해 말해 주었다. 모든 사람이 그를 안다. 그는 한 달에 한 번 그 거리의 모든 집을 방문하고 항상 먹을 것을 요구한다.

문제 해결 ⑤ '한 달에 한 번'이란 표현은 once the month가 아니고 once a month이다.

어휘 해결 **beggar** 거지 / **meal** 식사

[정답] ⑤

05 전문 해석 겨울이 되면 사람들은 대개 활동을 줄이고 힘을 축적하려는 경향이 있다. 그래서 여름처럼 활동적이거나 신체적으로 건강하지 않다. 그러나 그러한 비활동성은 그들의 건강에 영향을 미친다. 만약 여러분이 건강을 유지하고 좋은 체형을 가지고 싶다면 겨울이 되었다고 해서 규칙적인 활동과 운동을 멀리 하지 마라. 그리고 만약 당신이 운동을 전혀 하지 않는 64%의 미국인들 중 한 사람이라면, 겨울은 어느 계절이나 마찬가지로 (운동을) 시작하기에 좋다.

문제 해결 (A)에는 두 문장을 연결하는 접속사 If가 필요하다. (B)는 [as + 형용사 + 관사 + 명사] 어순에 착안한다.

어휘 해결 **decrease** 감소하다, 줄이다 / **physically** 육체적으로 / **fit** 건강한, 적합한 / **inactiveness** 활동하지 않음 / **well-being** 행복, 건강 / **figure** 모습, 풍채, 외관 / **keep A from ~** A가 ~하지 못하게 막다

[정답] ①

06 전문 해석 저는 연초부터 귀사의 잡지를 읽어 왔고, 지금은 그것을 정말 좋아합니다. 다른 어느 곳에서 십대들이 전국에 있는 다른 사람들과 그들의 느낌을 나눌 수 있겠습니까? 제 나이 또래의 사람들에게서 우리가 직면하고 있는 문제들과 그들의 생각에 대해 듣는 것은 멋진 일입니다. 완전히 십대들에 의해 쓰인 잡지들은 많지 않습니다. 그것이 이 잡지가 그렇게 관심을 끌게 하는 점입니다. 십대들이 쓴 것을 읽었을 때, 저는 종종 "그것은 정말 멋져"하고 말하는 제 자신을 발견합니다. 또한 그들의 기사들을 읽는 것은 저의 작문 기술을 향상시키도록 저를 고무시킵니다.

문제 해결 (A) [주어 + 현재완료(have/has + 과거분사) ~ since 과거]이므로 have가 적합하다.

(B) 주어는 a number of magazines이므로 복수동사 are가 적절하다.

(C) 선행사를 포함하는 관계대명사가 필요하므로 what이 알맞다.

어휘 해결 **magazine** 잡지 / **face** 직면하다(=**confront**) / **inspire** 고무시키다, 격려하다

[정답] ②

Review Test ❸　　**Pages 74-75**

[정답] 1.④ 2.③ 3.② 4.③ 5.① 6.② 7.②

01~03 전문 해석 1. Jane과 나는 배가 고프다. 우리는 뭔가 먹고 싶다.

2. 많은 사람들은 인터넷을 통해 책을 구입한다.

3. 선반 위에 있는 야구 모자들은 그의 것이다.

문제 해결 1. Jane과 I를 대신하는 대명사는 We이다.

2. Many people을 대신하는 소유격 their가 알맞다.

3. 밑줄 친 곳에는 소유대명사가 들어가야 하므로 ② his가 정답이다.

어휘 해결 **through** ~을 통해서 / **cap** 모자 / **shelf** 선반

[정답] 1.④ 2.③ 3.②

04 전문 해석 네가 박물관에 있을 때, 떠들지 말고 어떤 것도 건드리지 마라.

문제 해결 ③ noise는 추상명사이므로 셀 수 없다. 수량을 표시할 경우에는 much나 little 등을 이용한다.

어휘 해결 **museum** 박물관 / **touch** 만지다, 손대다

[정답] ③

05 전문 해석 까마귀가 입에 한 조각의 고기를 물고 나무에 앉아 있었다. 여우는 고기가 먹고 싶어서 까마귀에게 말했다. "당신은 매우 아름답군요! 나는 당신이 아름다운 목소리를 가졌을 것이라고 확

신합니다. 나를 위해서 노래를 불러 주시겠습니까?" 멍청한 까마귀가 노래를 부르려고 입을 열자마자 고기는 땅으로 떨어졌다. 여우는 그것을 주워서 달아났다.

문제 해결 ① meat는 물질명사이므로 부정관사(a)를 붙일 수 없다. '한 조각의 고기 덩어리'라는 표현은 a piece of meat이다.

어휘 해결 **crow** 까마귀 / **run off** 달아나다, 도망치다

[정답] ①

06 **전문 해석** Walter와 Linda는 아주 좋은 이웃이다. 그들은 가끔 필요할 때 서로 돕는다. 예를 들면, Linda가 Walter의 빵 굽는 것을 돕고 식물들을 돌보는 동안에 Walter는 Linda의 싱크대를 수리하고 정원에서 잔디를 깎는다. 한 달 전에 Walter는 Linda가 새 자동차를 샀을 때 돈을 빌려 주었다. 반면에 Linda는 Walter에게 그가 집을 팔 때 조언을 해 주었다.

문제 해결 (A) 두 사람이므로 neighbors가 올바르다.
(B) money는 셀 수 없는 명사이므로 항상 단수로 써야 한다.
(C) advice는 추상명사이므로 관사를 붙이지 않는다.

어휘 해결 **neighbor** 이웃 / **in need** 필요할 때, 어려울 때 / **sink** 싱크대 / **take care of** ~을 돌보다 / **lend** 빌려 주다 *cf.* **lend-lent-lent**

[정답] ②

07 **전문 해석** John은 어젯밤 늦게 집에 돌아왔다. 그는 매우 배가 고팠다. 집에 음식이 없었기 때문에 그는 슈퍼마켓으로 향했다. 가게에서 그는 한 다스의 달걀과 우유 한 통, 빵 한 덩어리를 샀다. 집에 돌아와서 그는 저녁을 간단히 먹고 잠을 잤다. 그는 매우 피곤했다.

문제 해결 (A) 달걀은 한 다스(12개가 한 세트, dozen), (B) 우유는 a carton of, (C) 빵은 덩어리(loaf)를 사용한다.

어휘 해결 **head for** ~로 향하다

[정답] ②

Review Test ④ **Pages 92-93**

[정답] 1. ② 2. **Each** 3. **ones** 4. **some** 5. **one** 6. ④ 7. ①

01 **전문 해석** [보기] 매우 어둡구나!
① 이것은 시계이다: 이것은 스위스 시계이다.

② 지금 자정이 지났다.
③ 그렇게 하려고 해도 소용이 없다.
④ 내가 원하는 책은 빨간 책이다.
⑤ 나는 당신이 그것을 즉시 해야 하는 것이 필요하다고 생각한다.

문제 해결 [보기]에 사용된 it은 시간, 거리, 계절, 명암, 요일, 날씨 등을 나타낼 때 사용하는 비인칭 주어이며 뜻은 없다.

어휘 해결 **midnight** 자정 / **necessary** 필요한

[정답] ②

02~05 **전문 해석** 2. 각각의 학생들은 정오에 점심을 먹는다.
3. 나는 오렌지가 먹고 싶다. 나에게 이 큰 것들을 주어라.
4. 커피나 홍차 좀 드실래요?
5. 그가 시계를 가지고 있습니까? / 예, 그는 새로운 시계를 가지고 있어요.

문제 해결 2. 부정대명사로 주어 역할을 할 수 있는 것은 Each이다. Every는 부정형용사이므로 주어로 쓸 수 없다.
3. 앞에 나온 명사 some oranges(복수)를 받는 복수대명사가 필요하므로 ones가 알맞다.
4. '권유나 간청'을 나타내는 의문문에는 some을 쓴다.
5. 특정한 것이 아닌 경우에 사용하는 부정대명사는 one이다.

[정답] 2. **Each** 3. **ones** 4. **some** 5. **one**

06 **전문 해석** 왜 바닷물은 물고기를 목마르게 하지 않는가? 물고기들이 물을 얼마나 많이 마시는지를 알아내는 것은 쉽지 않지만 모든 생물들은 물이 필요하다. 우리는 물고기의 근육이 다른 동물의 근육보다 염분을 더 많이 가지고 있다는 것을 발견한 적이 없다.

문제 해결 (A) every와 each는 단수 취급, all은 복수 취급을 한다.
(B) 형용사구(of other animals)의 수식을 받는 복수대명사는 those이다.

어휘 해결 **muscle** 근육 / **contain** 포함하다

[정답] ④

07 **전문 해석** Bryce는 비극적인 사고가 일어나기 전까지는 최고의 야구 선수였다. 어느 날 BB탄 총을 갖고 놀다가 Bryce는 사고로 자신의 눈을 쏘았다. 수술을 하면 그의 시력을 영원히 상하게 될까 두려워서, 의사는 그의 눈에 BB탄을 남겨 두었다. 몇 달이 지난 후, 그가 야구장에 돌아왔을 때, 타석에서 매번 스트라이크 아웃을 당하기 시작했다. 그는 더는 공을 판단할 수가 없었다. 그는 다시는 아무 것도 할 수 없을 것이라고 생각했다. 어느 날, 그는 산 근처에 살고 있었기 때문에, 시험 삼아 산에 오르기로 결심했다. 그런데 그는 산에 오르는 데 솜씨가 있다는 것을 알게 되었다.

문제 해결 (A) 타동사의 목적어가 문장 주어와 일치하므로 재귀대

명사(himself)를 사용해야 한다.

(B) 내용상 '두려움을 느끼는 주체'가 주절의 주어(the doctors)와 일치하므로 능동의 현재분사 구문 Fearing으로 고쳐야 한다.

(C) begin은 ~ing나 to 동사원형을 목적어로 취할 수 있다.

(D) 문장이 부정문이므로 anything은 올바른 표현이다.

(E) decide는 to 부정사를 목적어로 취하는 동사이다.

어휘 해결 **surgery** 수술 / **permanently** 영원히 / **impair** 손상시키다 / **convince** 확신시키다

[정답] ①

Review Test ⑤ Pages 112-114

[정답] 1. ⑤ 2. ④ 3. ④ 4. ④ 5. ① 6. ③ 7. **thousands** 8. ③ 9. ③

01 **전문 해석** 나는 차가운 것을 먹고 싶다.

문제 해결 –thing이 붙어 있는 낱말을 수식하는 형용사는 뒤에 와야 한다.

[정답] ⑤

02 **전문 해석** ① 그녀는 많은 돈을 가지고 있다.
② 우리는 친구가 없다.
③ 그들은 그곳에서 아무것도 보지 못했다.
④ 유리잔에는 주스가 거의 없었다.
⑤ 바구니에는 빵이 많지 않았다.

문제 해결 ④를 제외한 나머지 선택지에서 many, few(수)/much, little(양)이 잘못 사용되었다.

어휘 해결 **basket** 바구니

[정답] ④

03 **전문 해석** ① 그것들은 멋있는 차들이다.
② 그녀는 멋있는 여자이다.
③ 그는 나에게 멋있는 모자를 주었다.
④ 그 장면은 멋있었다.
⑤ Tom은 멋진 애완동물을 가지고 있다.

문제 해결 ④ be동사의 보어로 사용된 서술적 용법의 형용사이고, 나머지는 명사를 수식하는 형용사이다.

어휘 해결 **cap** 모자 / **pet** 애완동물

[정답] ④

04 **전문 해석** 내 친구는 _____인 것처럼 보인다.

문제 해결 look의 보어 역할을 하는 형용사가 필요하다. ④ 부사는 보어가 될 수 없다.

어휘 해결 **gentle** 부드러운 / **lovely** 사랑스러운

[정답] ④

05 **전문 해석** 동물원에 있는 동물들은 어떤 우울한 면이 있다. 그들은 결코 진정으로 행복해 보이지 않는다. 아마 그들은 그들의 진짜 집에 대해 생각하고 있을 것이다. 아마 그들은 항상 그들을 바라보고 있는 사람들은 좋아하지 않을 것이다

문제 해결 –thing이 붙어 있는 낱말을 수식하는 형용사는 뒤에 와야 한다. 즉, ①을 something sad로 고쳐야 한다.

어휘 해결 **sad** 슬픈 / **real** 진짜의 / **look at** ~을 보다

[정답] ①

06 **전문 해석** 사람들이 미래를 얼마나 많이 생각하고 있는지에 대한 연구가 있었다. 연구 결과에 따르면, 반 이상이 미래에 대해 자주 생각을 하는 것으로 나타났다. 약 2/5는 늘 미래에 관해 생각한다고 대답하였다. 특히, 미래가 불확실한 십대들은 심지어 자면서도 자신의 미래를 생각한다고 말했다.

문제 해결 (A) more than half는 복수를 나타내므로 동사는 think이다.

(B) 분수는 분자가 복수인 경우 분모에 복수 표시를 한다.

(C) 명사 future를 수식할 수 있는 소유격 관계대명사가 필요하므로 whose가 정답이다.

어휘 해결 **frequently** 자주, 빈번하게 / **uncertain** 불확실한 / **sleep on** 하룻밤 잠을 자며 생각하다

[정답] ③

07~09 **전문 해석** 청바지가 왜 리바이스라고 불리게 되었는지 궁금해 한 적이 있는가? 이것은 전적으로 California 주(州)의 골드러시에서 비롯되었다. 1849년 California에서 금이 발견되었다. 이 소식이 퍼져나가자, 수천 명의 사람들이 금을 찾아 California로 모여들었다. 1853년 Levi Strauss라는 한 남자도 California로 향했다. 그러나 그는 금을 찾지는 않았다. 그는 상점을 열기 위해 그곳에 간 것이었다. 그는 금을 찾으러 온 사람들이 일상 생활용품을 필요로 할 것이라고 생각했다. 그래서 Levi는 항아리, 담요, 밧줄, 텐트용 무명천 등을 가져갔다. 그러나 그는 사람들이 진정으로 필요로 하는 것은 작업용 바지라는 것을 깨닫고 무명천으로 바지를 만들기 시작했다. 사람들은 그것들을 좋아하지 않았다. 바지는 많이 팔렸고 Levi는 가지고 있던 무명천을 모두 다 써버리고 말았다. 그래서 그는 무명천 대신 데님을 사용하기 시작했다. 그가 만든 작업용 바지는 질

겼다. 바지에 금 덩어리를 넣을 튼튼한 주머니도 만들었다. 그 바지는 인기를 끌게 되었고, 곧 모든 사람들이 Levi의 바지를 원하게 되었다. 그리고 사람들은 그 바지를 리바이스라고 부르기 시작했다. 시간이 지나, 리바이스는 청바지의 또 다른 이름이 되었다.

문제 해결 7. hundred, thousand 등의 수사가 명사로 쓰일 때, 즉 뒤에 전치사 of가 이어질 때 복수 표시를 한다.
8. 리바이가 만든 바지가 인기를 끌게 되었다는 내용이 뒤에 이어지는 것으로 보아 ③이 글의 흐름과 관계없는 문장임을 알 수 있다.
9. 이 글은 어떻게 청바지가 리바이스로 불리게 되었는지에 대해 기술하고 있음에·착안한다.

어휘 해결 rush 몰려들다 / prospector (광산) 시굴자 / blanket 담요 / canvas 올이 굵은 무명(삼베) / use up 다 써버리다 / denim 데님 / sturdy 튼튼한 / nugget (천연 귀금속의) 덩어리

[정답] 7. **thousands** 8. ③ 9. ③

Review Test ❻ **Pages 134-136**

[정답] 1. ⑤ 2. ③ 3. **He is never at home on Sundays.** 4. **(A) 행복하게도 그는 죽지 않았다. (B) 그는 행복하게 죽지 않았다.** 5. ④ 6. ③ 7. ① 8. **예산에 맞춰 생활하는 것을 배우는 것이 항상 쉽지만은 않다.** 9. ④

01~02 **전문 해석** 1. 잘 들어봐! 그녀는 매우 아름답게 피아노를 치고 있다.
2. 그의 어머니는 그가 열심히 일하도록 했다. 그는 항상 어머니의 충고를 주의 깊게 들었다.

문제 해결 1. beautiful이 내용상 동사를 수식해야 하므로 부사 beautifully로 바꾸어야 한다.
2. 빈도부사(always)는 일반동사 앞에 써야 하므로 always listened가 되어야 한다.

어휘 해결 careful 주의 깊은

[정답] 1. ⑤ 2. ③

03 **전문 해석** 그는 일요일마다 결코 집에 있지 않는다.

문제 해결 빈도부사(never)는 일반동사 앞이나 조동사, be동사 뒤에 위치한다.

[정답] He is never at home on Sundays.

04 **전문 해석** (A) 행복하게도 그는 죽지 않았다.
(B) 그는 행복하게 죽지 않았다.

문제 해결 (A) Happily는 문장 전체를 수식하는 부사이고, (B) happily는 동사를 수식하는 부사이다.

어휘 해결 happily 행복하게

[정답] (A) 행복하게도 그는 죽지 않았다.
(B) 그는 행복하게 죽지 않았다.

05 **전문 해석** ① 그는 스키를 매우 잘 탈 수 있다.
② 날씨가 매우 좋다.
③ 그것은 매우 좋은 생각이다.
④ 그녀는 매우 예쁘다.
⑤ 나는 매우 피곤하다.

문제 해결 ④ pretty는 형용사로 '예쁜'의 의미이고, 나머지는 부사로 '매우, 꽤'의 뜻이다.

어휘 해결 weather 날씨 / tired 피곤한

[정답] ④

06 **전문 해석** 한 취업 지원자가 훌륭한 자격을 갖추고 있을지라도 그가 평상복 차림으로 면접시험에 나타나면 나쁜 인상을 줄 수 있다. 이 경우에 평상복은 그가 그 일자리에 대한 존경심이 없음을 의미한다. 또 다른 지원자는 면접시험에 5분 늦게 도착해서 나쁜 인상을 줄 수 있다. 게다가 말을 너무 많이 하는 지원자들도 있다. 그리고 마지막으로 자신이 할 일보다는 봉급에 더 관심을 보이는 취업 지원자들도 있다. 그들은 자신의 이익만을 추구하는 사람으로 여겨질 것이다.

문제 해결 ① 내용상 양보를 나타내는 접속사가 필요하므로 Although는 알맞은 표현이다.
② 전치사(by)의 목적어는 동명사이다.
③ 문맥상 '늦게'라는 부사의 뜻이 되어야 하므로 late라고 고쳐야 한다. lately는 '최근에'라는 의미이다.
④ 선행사가 사람이고 talk의 주어 역할을 할 수 있는 관계대명사 who는 적절하다.
⑤ 내용상 '여겨진다'라는 수동태의 의미가 되어야 하므로 be considered는 올바르다.

어휘 해결 applicant 지원자 / well-qualified 훌륭한 자격을 갖춘 / self-seeking 자기 본위의, 이기적인

[정답] ③

07 **전문 해석** 글쎄, 위에서 언급한 것들보다 더 나은 방법은 없을까요? 물론 있습니다. 다음은, Lopez 경관이 말하는 것입니다. "우리는 약 400명의 죄수들에게 범죄 관련 질문에 답하도록 부탁을 했

습니다. 우리는 죄수들에게 집을 더 안전하게 하기 위해서 취해질 조치들이 무엇이 있는지에 관한 그들의 생각을 물었습니다. 개가 단연 1위였습니다. 집에 개를 두는 것이 집을 안전하게 하는 가장 좋은 방법이라는 것이 많은 죄수들의 생각이었습니다." 놀랍게도, 우리가 위에서 언급한, 불을 켜둔다든지 혹은 무기를 둔다든지 하는 것은 보호책으로서 순위가 아주 낮게 매겨졌습니다.

문제 해결 (A) 문맥상 '범죄와 관련된'이라는 수동의 의미가 필요하므로 과거분사 related가 필요하고 relate는 항상 전치사 to를 동반한다.
(B) enough가 부사로 형용사나 다른 부사를 수식할 때는 후위 수식을 하므로 Surprisingly enough가 문법상 맞다.

어휘 해결 **related to** ~와 관련된 / **secure** 안전한 / **mention** 언급하다 / **be rated low** 낮게 평가하다

[정답] ①

08~09 **전문 해석** 많은 학생들이 학비를 마련하기 위해 시간제로 일을 한다. 수입이 적기 때문에 학생들은 돈을 쓰는 데 신중을 기할 필요가 있다. 동부 미시간 대학교의 상담 교사들이 예산을 짜고 그 예산에 맞춰 생활할 수 있도록 도움을 주고 있다. 상담 교사들은 학기가 시작될 때 각자의 총 수입을 적어 둘 것을 제안한다. 총 수입으로는 가족에게서 받은 돈이 될 수도 있고, 시간제로 일을 해 받게 된 돈이 될 수도 있다. 그리고 난 후 자신의 지출 내역을 모두 리스트로 작성해 보자. 지출은 크게 두 그룹으로 나누는데, 하나는 변수가 있는 내역(음식, 여행, 통신, 서적에 드는 비용)과 항상 동일하게 드는 내역(학비, 방세)이다. 지출을 전부 통틀어서 더한 다음, 총 수입 내역에서 지출 내역을 빼라. 이와 같은 것을 해보고 나면, 현재 가진 돈이 충분한지 좀 더 필요한지 알게 된다. 예산에 맞춰 생활하는 것을 배우는 것이 항상 쉽지만은 않다. 하지만 많은 학생들의 경우, 학기 중 가족이나 친구들에게 돈을 빌리는 것보다는 그것이 더 쉬운 일이다.

문제 해결 8. not always는 부분부정을 나타내고 '항상 ~인 것은 아니다'라고 해석한다.
9. 이 글은 '예산을 짜는 것은 적은 수입으로 생활하는 데 도움이 된다'는 필자의 주장을 드러내고 있다.

어휘 해결 **expense** 비용, 지출 / **income** 수입 / **stick to** 고수하다, 충실하다 / **budget** 예산(안) / **semester** 학기 / **tuition** 학비 / **room and board** 숙박 / **subtract** 빼다
[정답] 8. 예산에 맞춰 생활하는 것을 배우는 것이 항상 쉽지만은 않다.
9. ④

[정답] 1. ① 2. ⑤ 3. ② 4. **The higher, the less** 5. **(A) Fortunately (B) better** 6. ① 7. 문제의 근원은 학생들이 개인적으로 성실한 것보다는 좋은 성적을 더 귀중하게 생각한다는 것이다. 8. ⑤

01~02 **전문 해석** 1. 내 남동생은 나보다 중국어를 더 잘한다.
2. 그는 John만큼 빨리 걸을 수 있다.

문제 해결 1. than으로 보아 밑줄 친 부분에는 비교급 better가 알맞다.
2. [as + 형용사(부사)의 원급 + as …](…만큼 ~하다) 원급 비교 구문이다.

어휘 해결 **Chinese** 중국어

[정답] 1. ① 2. ⑤

03 **전문 해석** ① 너는 나보다 많이 먹는다.
② 그녀는 Tom보다 더 영리하다.
③ 나는 어제 밤보다 기분이 좋다.
④ 서울은 부산보다 더 크다.
⑤ 나는 Mike보다 일찍 일어났다.

문제 해결 ② [as + 형용사(부사)의 원급 + as …](…만큼 ~하다) 원급 비교 구문이다.

어휘 해결 **clever** 영리한, 총명한

[정답] ②

04 **전문 해석** 가격이 올라감에 따라 사람들은 (물건을) 덜 사게 될 것이다.

문제 해결 [the + 비교급 ~, the + 비교급 …]은 [~하면 할수록 더욱 …하다]는 뜻이다.

[정답] The higher, the less

05 **전문 해석** 많은 사람들이 그의 건강에 대해 걱정했다. 다행스럽게도 상태가 우리가 기대했던 것보다 훨씬 좋았다.

문제 해결 (A) 문장 전체를 수식하는 부사 Fortunately가 알맞다.
(B) than으로 보아 비교급 better가 올바르다.

어휘 해결 **be worried about** ~에 대해 걱정하다 / **fortunate** 운 좋은 / **expect** 기대하다

[정답] (A) Fortunately (B) better

06 전문 해석 한 실험에 따르면, 낯익은 교실이나 장소에서 시험을 치른 학생들이 낯선 배경에서 시험을 치른 학생들보다 더 좋은 성적을 얻었다고 한다. 당신이 좋은 성적을 얻기 원한다면, 미리 시험 보는 장소를 경험하라. 이것은 특히 당신이 (시험) 걱정한다면 많은 도움이 된다. 가능하다면 당신이 배정받게 될 방이 어떤 방인지 찾아 잠깐 혼자서 그 곳에 앉아 있어 보아라. 그러나 더 좋은 것은 연습용 자료를 가지고 가서, 시험 전체는 아니더라도 적어도 한 두 부분을 그 방에서 풀어 보아라. 그러한 상황에서 낯익음은 편안함과 자신감을 준다.

문제 해결 ① 뒤에 나오는 than으로 보아 비교급 better로 고쳐야 한다.
② 형용사 helpful은 be동사의 보어로 사용되었다.
③ 내용상 '배정받다'는 수동의 의미이므로 올바른 표현이다.
④ 앞에 나온 bring과 평행 구조로 연결되었다.
⑤ 문장 주어 자리이므로 명사 familiarity가 어법상 적절하다.

어휘 해결 **familiar** 낯익은, 친숙한 / **grade** 성적, 등급 / **site** 장소 / **in advance** 미리 / **assign** 할당하다, 배당하다 / **material** 자료 / **confidence** 자신감

[정답] ①

07~08 전문 해석 부정행위는 고의로 당신이 남을 잘못 이끌거나 속인다거나 혹은 정직하지 않게 행동하는 것이다. 그래서 선생님들은 부정행위를 하다 잡힌 학생들을 다룰 때, 보통은 심하게 다룬다. 그러나 억제책으로서 처벌은 효과가 좋지 않다. 문제의 근원은 학생들이 개인적으로 성실한 것보다는 좋은 성적을 더 귀중하게 생각한다는 것이다. 그러므로 학생들의 부정행위 문제에 대한 한 가지 해결책은 선생님과 학생 사이의 열려 있고 일관성 있는 대화를 시작해야 한다는 것이다. 선생님들은 그들이 학생들의 성적보다는 학생들의 문제 이해력에 더 많은 관심이 있다는 것을 이야기해야 한다. 학생들은 자신들이 공부하는 일의 가치를 배워야 한다.

문제 해결 7. more ~ than은 '~보다 더 …한'이란 우등 비교 구문이다.
8. 부정행위를 하는 학생들을 다룰 때에는 처벌보다 대화를 통해 해결해야 한다는 내용임에 착안한다.

어휘 해결 **deceive** 속이다 / **on purpose** 고의로 / **deal with** 다루다, 취급하다 / **harshly** 가혹하게 / **integrity** 고결, 성실 / **consistent** 일관성 있는 / **communicate to** 전달하다

[정답] 7. 문제의 근원은 학생들이 개인적으로 성실한 것보다는 좋은 성적을 더 귀중하게 생각한다는 것이다. 8. ⑤

Review Test ⑧ Pages 174-175

[정답] 1. **more, than** 2. **more, than, boys** 3. **No, as** 4. **No, than** 5. 그는 불어를 유창하게 말할 수 있다. 영어는 말할 것도 없고. 6. 시간보다 가치 있는 것은 없다. 7. 사랑 없는 가정이 가정이 아닌 것은 영혼 없는 육체가 사람이 아닌 것과 같다. 8. 그녀는 할 수 있는 한 매력 있게 보이도록 노력했다. 9. ② 10. ④

01~04 전문 해석 1~4. 그는 학급에서 가장 부지런한 소년이다. (그의 학급에서 그보다 부지런한 소년은 없다.)

문제 해결 1~4. 원급이나 비교급을 이용한 최상급 표현(A가 가장 ~하다, A보다 ~한 것은 없다)은 다음과 같이 다양하게 나타낼 수 있다.
A + is the 최상급 of all the 복수명사
= A + is 비교급 than　any other 단수명사
　　　　　　　　　　　all the other 복수명사
　　　　　　　　　　　any 단수명사 else
= No (other) 단수명사 is 비교급 than A
= No (other) 단수명사 is so 원급 as A

[정답] 1. **more, than** 2. **more, than, boys** 3. **No, as** 4. **No, than**

05~08 전문 해석 5. [긍정문 ~ still(much) more]는 '더구나 ~이다'는 뜻이다.
6. [No (other) 명사 is 비교급 than A]는 'A보다 ~한 것은 없다'는 표현이다.
7. [A is no more B than C is D]는 'A가 B가 아닌 것은 C가 D가 아닌 것과 같다'는 의미의 구문이다.
8. [as ~ as possible]은 '가능한 ~'라는 뜻이다.

[정답] 5. 그는 불어를 유창하게 말할 수 있다. 영어는 말할 것도 없고. 6. 시간보다 가치 있는 것은 없다. 7. 사랑 없는 가정이 가정이 아닌 것은 영혼 없는 육체가 사람이 아닌 것과 같다. 8. 그녀는 할 수 있는 한 매력 있게 보이도록 노력했다.

09 전문 해석 달이 초승달이고 해와 지구의 같은 편에 위치해 있을 때 해가 낮 동안에 우리에게 보이지 않는 일이 일어난다. 비록 달이 해보다 훨씬 작을지라도 달이 지구에 더 가까워서 달은 완전히 해를 차단할 수 있다. 지구상의 어떤 지역에 사는 사람들은 하늘에서 검은 원반을 본다. 그것은 주위에 아름다운 빛의 무리를 보인다. 달이 해와 지구 사이에 직접 있지 않을 때는 단지 해의 일부만을 어둡게 한다.

문제 해결 ① 내용상 '숨겨지다'는 수동의 의미이므로 be hidden

은 적절하다
② 비교급을 수식하는 much로 바뀌어야 한다.
③ 주어는 Earth가 아니고 People(복수)이므로 see는 올바른 표현
이다.
④ beautiful은 형용사로 명사 halo를 수식하고 있다.
⑤ between은 둘 사이에 사용하는 전치사이므로 알맞다.

어휘 해결 **completely** 완전히 / **block off** 막다 / **disc** 원반

[정답] ②

10 **전문 해석** 지난 주 Huntington과 Canton 거리에서 정면충돌
사고가 있었습니다. 바로 한 달 전에 한 보행자가 그 곳에서 차에 치
었습니다. 다행스럽게도, 그녀는 부상이 심하지 않았습니다. 지난 1
년간 이 도시의 어떤 다른 곳보다도 이곳에서 더 많은 사고가 있었
습니다. 사실, 모든 도시 교통사고의 약 10%가 그 곳에서 일어납니
다. 이 교차로는 위험합니다. 그러므로 생명을 잃기 전에, 교통 신호
등이 설치되어야 합니다. 책임 있는 사람이 내 말을 귀담아 듣기를
바랍니다.

문제 해결 (A) 명백한 과거부사 Last week이 있으므로 동사는 과
거 was로 올바르게 표현되었다.
(B) 내용상 '보행자가 치었다' 는 수동의 의미가 되어야 하므로 적절
하다.
(C) injured라는 과거분사(형용사)를 수식해야 하므로 slightly라는 부
사로 고쳐야 한다.
(D) [비교급 than any other + 단수명사]에서 corners는 corner로
고쳐야 한다.
(E) 내용상 미래를 나타내므로 올바르다.

어휘 해결 **head-on-collision** 정면충돌 / **pedestrian** 보행자 /
slightly 약간, 가볍게 / **intersection** 교차로, 교차점, 교차 /
install 설치하다

[정답] ④

[정답] 1. ⑤ 2. ② 3. ③ 4. ① 5. ② 6. ②

01 **전문 해석** 학생들이 성공적인 대학 생활을 하는 데 있어서 도
움이 되는 여러 가지 요인들이 있다. 성공을 위한 첫 번째 요인은 공
부할 분야를 정하기 전에 마음속에 목표를 세우는 일이다. 그 목표
는 미래에 대비하여 더 많은 교육을 받아야겠다는 것과 같이 일반적
인 것이 될 수도 있다. 교사 자격증을 획득하는 것은 좀 더 구체적인
목표가 될 것이다. 학생의 성공과 관련이 있는 두 번째 요인은 자발
적인 동기 부여와 헌신이다. 성공하기를 원하며 그러한 목표를 향해

노력하는 학생은 대학생으로서 쉽게 성공을 이룰 수 있을 것이다.

문제 해결 (A) 선행사가 사물(many factors)이고 주격 관계대명사
는 which이다.
(B) be동사의 보어 자리이므로 형용사 general이 알맞다.
(C) 선행사가 사람(A student)이고 주격 관계대명사는 who이다.

어휘 해결 **contribute to** ~에 공헌하다, 도움이 되다 /
establish 세우다, 정하다 / **specific** 구체적인 / **credential** 자격
인증서 / **commitment** 헌신

[정답] ⑤

02 **전문 해석** 나쁜 자기 이미지를 가지고 있으면, 온갖 종류의 독
설을 참아야 할 것이다. 마음 한 구석에는 "나는 그다지 중요하지 않
아." "그게 나인 걸." "나는 늘 나쁘게 대접을 받았는걸. 받을 만하니
까 그렇겠지!"라는 생각이 자리 잡고 있다. "이런 학대를 얼마나 오
랫동안 참아야 하는 걸까?"라고 묻는다면, 대답은 "스스로에 대한
안 좋은 이미지를 가지고 있는 한, 계속 그래야 할 것이다"가 된다.
사람들은 우리가 스스로를 대우하는 대로 우리를 대한다. 우리가 관
계를 맺고 있는 사람들은 우리가 스스로를 어떻게 대하는지를 바로
평가한다. 스스로를 존중하면, 남들도 그렇게 한다!

문제 해결 (A) all이 복수의 의미이므로 kinds가 타당하다.
(B) 내용상 '대접을 받다' 는 수동의 의미이다.
(C) [전치사 + 관계대명사 that]은 사용할 수 없는 문법 구조임에 착
안한다.

어휘 해결 **abuse** 욕설, 학대, 남용 / **mistreatment** 학대 /
associate 교제하다, 연관시키다 / **assess** 평가하다 / **follow suit**
선례에 따르다, 남이 하는 대로 하다

[정답] ②

03 **전문 해석** 도시화가 진행됨에 따라서, 더 많고 다양한 오염 물
질들이 바다에 마구 버려지고 있다. 그럼에도 불구하고, 이 오염은
아직 바다의 환경을 정말로 위협하지는 않는다. 바다는 사람들이 바
다에 던지는 어떤 것이든 극복할 수 있는 것 같다. 그러나 이러한 상
황은 산업화의 개시와 더불어 변화하고 있다. 오늘날, 공장들은 엄청
난 양의 물질들을 바다에 버리기 시작하고 있다. 특히, 거대한 도시
들이 있는 어떤 해안 지역에서는 해양 오염이 해양 생물을 위협하기
시작하고 있다.

문제 해결 ① '~함에 따라서' 라는 의미의 접속사이므로 적절한 표
현이다.
② '~을 위협하다' 는 능동의 의미이므로 어법상 타당하다.
③ 내용상 '어떤 것이든' 이란 뜻이므로 복합 관계대명사 whatever
가 사용되어야 한다.
④ 전치사 of 다음이므로 명사 industrialization은 알맞다.
⑤ begin은 'to 동사원형과 동명사(~ing)' 를 목적어로 취하는 동사
이다.

civilization 문명, 도시화 / **pollutant** 오염 물질 / **dump A into B** A를 B에 버리다 / **threaten** 위협하다 / **marine** 해양의, 바다의 / **cope with** 겨루다, 대항하다, 맞서다 / **onset** 시작 / **industrialization** 산업화

[정답] ③

04 전문 해석 폭풍은 다양한 방식으로 새들에게 영향을 끼친다. 폭풍이 다가오면 새들은 날지 않고 가까운 나무에서 쉰다. 만약 다가오는 폭풍이 혹독한 것이면 새들은 날씨가 청명한 곳으로 날아가 버릴 수 있다. 폭풍이 오는 중이면 새들은 불안하고 신경이 날카로워 보일 수 있다. 그들은 어쩌면 더 시끄러워질 수도 있다. 폭설이 다가오면 새들은 또한 더 많이 먹는다. 그들은 얼마간 먹이를 찾기가 어려우리라는 것을 깨닫고 있는 듯하다.

문제 해결 (A) stop은 동명사(~ing)가 뒤따르면 '~을 멈추다'라는 의미이고 to 부정사가 뒤따르면 '~하기 위해 멈추다'라는 뜻이 된다. (A)는 '날기 위해 멈추다'인데, 이는 문맥상 어색하며 '날기를 멈추다'가 알맞으므로 flying으로 고쳐야 한다.
(B) 형용사의 수식을 받는 명사 부분을 대신하는 대명사는 one이다.
(C) 선행사가 an area(장소)이고 이어지는 문장이 완전한 문장이므로 관계부사 where로 바꾸어야 한다.
(D) appear는 '~처럼 보이다'라는 불완전 자동사로 형용사(uneasy and nervous)를 보어로 취한다.
(E) difficult는 구체적인 의미를 지닌 주어(여기서는 food)를 가질 수 있는데, 이 경우 주어는 to 부정사(여기서는 to get)의 의미상의 목적어이어야 한다.

어휘 해결 **affect** 영향을 미치다 / **a variety of** 다양한 / **severe** 심각한, 심한 / **be on one's way** 오는 중이다 / **realize** 깨닫다

[정답] ①

05~06 전문 해석 breakfast란 말은 '먹지 않는 시간'을 '깨부수다'라는 의미이다. 이는 하루 중 첫 번째 식사의 목적을 설명하는 말로, 신체가 약 12시간 동안 영양 공급을 받지 못한 상태에서 하게 되는 식사라는 것이다. 하루를 활기차게 지내기 위해서는 풍성한 아침 식사를 해야 한다. 잠자리에 들 무렵인 저녁에는 적은 양을 먹어야 한다. 도정하지 않은 곡물과 과일을 곁들인 풍성한 아침 식사를 하는 것은 기력을 북돋게 해 줄 뿐만 아니라 기분과 집중력도 향상시켜 준다.
'건강하기 위해서는 아침은 왕처럼, 점심은 왕자처럼, 저녁은 거지처럼 먹어라'라는 속담이 있다. 하지만 모든 영양학자들이 풍성한 아침 식사가 중요하다고 생각지는 않으며, 일부 학자들은 소량의 저지방 식사를 하루에 대여섯 번 해야 한다고 생각한다. 전문가들이 확실히 동의하는 것은 아침 식사를 하는 것에 대한 중요성이다. 아침 식사 이후의 시간을 생각하면, 무엇인가를 먹는다는 것이 언제 먹느냐 하는 것보다 더 중요하다.

문제 해결 5. (A) 계속적 용법의 관계대명사가 필요한데 that은 계속적 용법으로 사용할 수 없고, 내용상 수동의 뜻이므로 which is eaten이 적절하다.
(B) 문맥상 '모든 영양학자들이 풍성한 아침 식사가 중요하다고 생각지는 않는다'는 의미의 부분부정이 필요하므로 not all nutritionists believe가 정답이다.
6. 이 글은 아침 식사의 중요성을 강조하여 그 내용을 알리고 있음에 착안하여 정답을 찾는다.

어휘 해결 **describe** 설명하다 / **nourishment** 음식, 영양상태 / **whole** 자연 그대로의 / **grain** 곡물 / **boost** 북돋우다 / **concentration** 집중(하기) / **pauper** 거지, 빈민 / **nutritionist** 영양학자 / **low-fat** 저지방의 / **expert** 전문가

[정답] 5. ② 6. ②

Review Test ⑩ Pages 242-243

[정답] 1. ① 2. ④ 3. ② 4. ③ 5. ① 6. ①

01~02 전문 해석 1. Tom은 감기로 누워있다.
2. A: 거기에 갈까? / B: 그래, 난 찬성이야.

문제 해결 1. 원인과 이유를 나타내는 전치사 with가 알맞다.
2. 찬성을 나타내는 전치사 for가 알맞다.

어휘 해결 **a cold** 감기

[정답] 1. ① 2. ④

03 전문 해석 ① Mary는 런던 출신이다.
② 나는 여러 가지 이유 때문에 고기를 먹지 않는다.
③ 이 빵은 흰 밀가루로 만들어진다.
④ 이것과 저것을 구별하는 것은 거의 불가능하다.
⑤ 그 문제는 오해로 야기되었다.

문제 해결 ②에는 for가 들어가고 나머지는 from이 들어간다.
① be from은 '~출신이다'라는 의미이다.
③ be made from은 '~로 만들어지다'는 뜻이다.
④ tell A from B는 'A와 B를 구별하다'는 뜻이다.
⑤ result from은 '~이 원인이 되다'는 의미이다.

어휘 해결 **flour** 밀가루 / **tell A from B** A와 B를 구별하다 / **result from** ~이 원인이 되다 / **misunderstanding** 오해

[정답] ②

04 전문해석 ① 우리는 그 소식을 듣고 놀랐다.
② 그들 두 명은 암으로 죽었다.
③ 나는 James Watt에게 찬성표를 던졌다.
④ 나는 눈물 때문에 볼 수 없었다.
⑤ 우리는 라디오 뉴스를 들었다.

문제해결 ③ vote for는 '~에 찬성표를 던지다'는 뜻이다.

어휘해결 **cancer** 암 / **vote for** ~에 찬성표를 던지다

[정답] ③

05 전문해석 우리는 일주일에 한 번 축구 경기를 보러 가는 것에서 하루 24시간 텔레비전으로 스포츠를 보는 것으로 옮겨갔다. 매년 수십억 달러의 돈이 스포츠 영웅들의 봉급으로 나간다. 확실히 우리는 스포츠에, 특히 경기에 이기는 것에 집착하고 있다. 자녀들에게 미치는 영향은 엄청나다. 즉, 어떤 아이들은 매일 텔레비전만 보는 부모와 보낼 시간을 전혀 갖지 못한다. 더 중요한 것은 자녀들이 이기는 팀에 속하는 데에 대한 부모의 관심이 엄청나게 증가했다는 것이다. 이기는 것이 최선을 다하고 즐겁게 운동하는 것보다 더 중요해졌다.

문제해결 ① 글의 흐름상 move from A to B(A에서 B로 이동하다)이어야 하므로 from으로 고쳐야 한다.
② Clearly는 문장부사로 문장 전체를 수식한다.
③ 주어가 The effect(단수)이므로 is는 올바르다.
④ huge(형용사)는 명사 increase를 수식한다.
⑤ 동명사(Winning)로 문장 주어 역할을 하고 있다.

어휘해결 **be obsessed with** ~에 사로잡혀 있다, 집착하다 / **tremendous** 거대한 / **on daily basis** 매일 / **parental concern** 부모의 관심

[정답] ①

06 전문해석 어젯밤 눈보라가 몰아치는 동안에 집으로 돌아가던 운전자들은 기분 좋게 놀랐다. 어제 이른 오후, 기상 예보관들은 심한 바람으로 인해 10번 도로가 폐쇄될 것이라고 예보했다. 그러나 모든 주요 고속도로는 어젯밤 소통되고 있었다. 학생들이 특히 즐거워 보였다. 어제 아침 대부분의 학교들은 오전 1시에 학교를 폐쇄할 것이라고 발표했다. James Fox 초등학교에 다니는 몇몇 아이들은 그날 오후에 썰매타기와 눈싸움을 하면서 시간을 보낼 계획이라고 말했다. 많은 사람들은 어떻게 기상 예보관들이 그런 큰 실수를 할 수 있는가에 대해 의아해하고 있다.

문제해결 ① '~동안'이라는 의미의 전치사 중에 for는 '구체적인 시간의 길이가 나올 때' 사용되고, during은 '특정 기간을 나타내는 낱말이 나올 때' 사용하므로 during으로 고쳐야 한다.
② because는 접속사이고, because of는 전치사구이다. 명사구가 이어질 때는 because of를 쓰는 것이 적절하다.

③ remain은 '~인 상태를 유지하다'라는 의미의 자동사이므로, 주격 보어로 형용사 open을 취하는 것이 옳다.
④ [spend + 시간 + ~ing] 구문이 등위접속사 and를 통해 병치되어 있다.
⑤ 동사 wonder의 목적어 역할을 하는 간접의문문이므로 [의문사 + 주어 + 동사]는 올바르다.

어휘해결 **motorist** 자가용 운전자 / **forecaster** 일기 예보관 / **predict** 예언하다, 예보하다 / **sled** 썰매를 타다

[정답] ①

Review Test ⑪   **Pages 262-265**

[정답] 1. ② 2. so 3. and, but, and, but, or 4. ⓒ
5. ⓓ 6. ⓔ 7. ⓑ 8. ⓐ 9. ② 10. ① 11. ④ 12. ④

01 전문해석 누나뿐만 아니라 나도 Jane의 파티에 초대받았다.

문제해결 not only A but (also) B는 'A뿐만 아니라 B도'라는 의미의 상관접속사이므로 ②는 but으로 고쳐야 한다.

[정답] ②

02 전문해석 너무 더워서 나는 창문을 열었다.

문제해결 결과를 나타내는 말인 so가 필요하다.

[정답] **so**

03 문제해결 등위접속사 and는 '그리고'라는 뜻이고, but은 '그러나, 그런데', or는 '혹은, 또는', so는 '그래서, 그 결과'라는 의미이다.

어휘해결 **cute** 귀여운 / **noisy** 시끄러운, 소란한 / **snake** 뱀 / **lizard** 도마뱀

[정답] **and, but, and, but, or**

04~08 문제해결 4. 명사절을 이끄는 접속사 that이 이어져야 한다.
5. 내용상 '~할 때'라는 접속사가 필요하므로 when으로 연결되어야 한다.
6. 내용상 '~전에'라는 의미의 접속사가 이어져야 한다.
7. 내용상 '~한 후에'라는 접속사가 필요하므로 after가 이어져야 한다.

8. [결과 + 원인]이므로 접속사는 because가 필요하다.

[정답] 4.ⓒ 5.ⓓ 6.ⓔ 7.ⓑ 8.ⓐ

09 **전문 해석** 하루는 Samuel이 그 집을 지나는데, 현관문이 열리면서, 의사가 자신의 딸과 함께 나왔다. 그녀는 Samuel의 또래였으며, Samuel이 보아온 소녀 가운데 가장 아름다운 소녀였다. Samuel은 그녀를 보자마자 그녀가 그의 아내가 되리라는 것을 알았다. 그런 기적을 어떻게 실행할지 그 방법을 알지는 못했지만, 그는 그렇게 해야만 한다는 것을 알았다. 그 후로 매일 Samuel은 그녀를 다시 보게 되기를 바라면서, 그녀의 집 근처에 갈 구실을 찾았다.

문제 해결 (A) 내용상 '~하자마자 …했다'는 의미의 as soon as가 올바르다.
(B) 원래 He never knew에서 부정의 의미를 지닌 부사가 문장 앞으로 나가 도치가 일어났다. 동사 knew는 일반동사이므로 조동사 did가 주어 앞으로 나가면 된다.

어휘 해결 **work a miracle** 기적을 행하다 / **excuse** 변명, 구실

[정답] ②

10~12 **전문 해석** 최근 남아프리카 공화국에서의 정치적 변화는 흑인 농업 노동자들을 돕는데 있어서는 별로 역할을 하지 못하고 있다. 인종차별법은 흑인들이 땅을 소유하는 것을 불가능하게 만들었고 그들을 평생 노동자로 남게 만들었다. 또한 백인 농장주들은 그들의 유리한 입장을 이용하여 그 노동자들의 지위를 더욱 약화시켜서 거의 노예 수준으로까지 전락시켰다. 노동자들은 작은 오두막에서 전기도 수도도 없이 살아 왔다. 주택은 농장주에 의해 노동자들에게 제공되었으므로 일자리를 잃는다는 것은 동시에 집을 잃는 것을 의미했다. 그리고 작년에 새로운 노동 법률이 제정되기 전에는 농장주들이 마음대로 노동자들을 해고시킬 수 없었다. 프리토리아(수도)의 새 정부는 모든 것을 일신하려고 노력하고 있지만 변화는 더딜 것이다. 거의 모든 노동자가 문맹이어서 그들에게 새로 갖게 된 권리가 어떤 것인지를 알려 주는 일이 쉽지 않다. 그리고 지금까지, 법률은 정부가 노동자를 돕는 조치를 취할 수 있기 위해서 부당 대우를 받는 노동자가 (직접) 고소할 것을 규정하고 있다. 남아프리카 공화국의 상황은 분명 바뀌고 있다. 그러나 그 변화는 천천히 이루어지고 있다.

문제 해결 10. (A) 뒤에 나오는 진목적어(for blacks to own land)에 대한 가목적어(it)가 필요하다.
(B) 문맥상 '~때문에'의 의미가 되어야 하므로 Since가 정답이다.
(C) [주어 + insist, order, demand, require, suggest, propose that 주어 + (should) 동사원형]이므로 동사원형이 알맞다.
11. 밑줄 친 부분의 앞에 위치한 역접의 접속사 but에 주목한다. 앞뒤의 관계가 반대가 되어야 하므로 '남아프리카 공화국의 상황은 분명 바뀌고 있다. 그러나 그 변화는 천천히 이루어지고 있다'는 의미가 되어야 적합하다.

12. 지문에 의하면 남아프리카 공화국에서의 정치적 변화는 흑인 농업 노동자들을 돕는데 있어서는 큰 역할을 하지 못하고 있다.

어휘 해결 **political** 정치적인 / **recently** 최근에 / **apartheid** (과거 남아공의) 인종 차별 정책 / **advantageous** 유리한, 유익한 / **slave** 노예 / **hut** 오두막집 / **electricity** 전기 / **transition** 변화

[정답] 10.① 11.④ 12.④

Review Test ⑫ **Pages 280-282**

[정답] 1.② 2.③ 3.④ 4.② 5.⑤ 6. **Does your first day at school stand out most vividly in your mind?** 7.⑤ 8.①

01~02 **전문 해석** 1. 우리 안에 있는 동물들은 행복하지 않다.
2. 어제 창문을 깬 것은 누구인가?

문제 해결 1. which are in cage는 문장 주어 Animals(복수)를 수식하는 형용사절이다.
2. It was ~ that 강조 구문에서 who가 사이에 들어가게 되고, 이를 다시 의문문으로 바꾸면 주어와 동사가 도치되어 Who was it that ~?의 형태가 된다.

어휘 해결 **cage** 우리

[정답] 1.② 2.③

03 **전문 해석** [보기] 나는 정말 그 사실을 알고 있다.
① 너는 그녀가 누구인지 아니?
② 그는 그 일을 끝내기 위해 최선을 다한다.
③ 너는 나보다 더 영어를 잘 말한다.
④ 너의 건강에 대해 정말 조심해라.
⑤ 너는 일요일마다 보통 무엇을 하니?

문제 해결 [보기]와 ④의 밑줄 친 do는 강조의 do이다. ①은 조동사이고 ②와 ⑤는 일반동사이며, ③은 대동사이다.

어휘 해결 **careful** 주의 깊은

[정답] ④

04 **전문 해석** ① 가능하다면 너와 함께 가고 싶다.
② 내가 책을 읽는 동안, 내 개 Choco는 잠이 들었다.
③ 그는 서른 살이고, 그의 부인은 스물네 살이다.
④ 증오는 증오를 낳고, 폭력은 폭력을 낳는다.
⑤ 저쪽에서 노래하고 있는 사람을 아니?

문제 해결 ② 부사절의 주어(I)와 주절의 주어(Choco)가 서로 다르므로, [주어(대명사) + be동사]를 생략할 수 없다.

어휘 해결 **fall asleep** 잠들다 / **hate** 증오 / **breed** 낳다 / **violence** 폭력

[정답] ②

05 **문제 해결** 부정어 never를 문두에 놓으면 의문문의 어순으로 도치되므로 [did + 주어 + 동사원형]의 어순이 된다.

[정답] ⑤

06 **전문 해석** 여러분들은 인생의 중요한 사건들의 일부를 돌아보고 회상하는 것이 재미있다고 생각합니까? 여러분들이 과거를 생각할 때 마음속에서 가장 생생하게 떠오르는 것은 무엇입니까? 처음 학교에 간 날인가요? 아니면 첫 여름 캠프인가요? 혹은 새로운 동네로 이사 간 날인가요? 혹은 처음 비행기를 타봤을 때인가요? 만일 이들 추억들 가운데 일부가 흥미 있다고 느껴진다면, 여전히 여러분 앞에 준비되어 있는 모든 새로운 경험들을 상상해 보십시오!

문제 해결 영어에서는 같은 말의 반복을 피하기 위해 공통부분의 생략이 흔하게 일어난다.

어휘 해결 **recollect** 회상하다 / **stand out** 눈에 띄다, 두드러지다 / **in store for** ~에게 일어나려고 하는(닥쳐오는)

[정답] <u>Does your first day at school stand out most vividly in your mind?</u>

07 **전문 해석** 여러분은 지금까지 다음에 나오는 흥미 있는 이야기를 들어본 적이 있는가? 히치하이킹에서 사용되지 않는 경우, 미국 문화에서 엄지손가락을 올리는 동작은 일반적으로 승인을 나타내고, 반면에 엄지를 내리는 동작은 그 반대를 나타낸다. 이 손짓은 로마의 원형경기장 시절과 연관되어 있는데, 그 곳에서는 황제가 종종 엄지손가락을 올리거나 내림으로써 검투사에게 생사를 명령했다.

문제 해결 (A) [When the thumbs-up gesture is not used in hitchhiking ~]에서 [주어(the thumbs-up gesture) + be동사(is)]가 생략된 형태로 used가 적절하다.
(B) 의미상 '그리고 그 로마의 원형경기장에서는'이 되어야 하므로 관계부사 where가 적당하다.
(C) 전치사 다음에는 목적어로 동명사가 쓰임에 착안한다.

어휘 해결 **up to now** 지금까지 / **hitchhike** 히치하이크(지나가는 자동차에 편승하면서 하는 도보 여행) / **thumb** 엄지손가락 / **typically** 전형적으로, 일반적으로 / **approval** 승인, 찬성 / **indicate** 가리키다, 나타내다 / **arena** (로마시대 등의) 원형 경기장 / **gladiator** 검투사

[정답] ⑤

08 **전문 해석** 많은 취미 생활자들이 가장 좋아하는 물고기는 흔히 koi라고 알려진 일본 잉어이다. koi의 매력적인 점은 이것을 작은 어항에 넣으면 2~3인치 정도밖에 자라지 않는다는 것이다. koi를 더 큰 수조나 작은 연못에 넣으면, 그것은 6 내지 10인치 정도까지 자란다. 그것을 더 큰 연못에 넣으면, 그것은 1피트 반 정도까지 자란다. 그러나 그것을 정말로 뻗어나갈 수 있는 커다란 호수에 넣으면, 그것은 3피트까지 자랄 잠재력을 가지고 있다.

문제 해결 ① 주어가 A favorite fish(단수)이므로 is로 고쳐야 한다.
② be동사의 보어로 사용된 접속사이다.
③ [명령문 ~, and 주어 + 동사 …]가 '~해라, 그러면 …일 것이다'라는 뜻이므로 올바르다.
④ when it is placed에서 it is가 생략된 것이다.
⑤ 선행사가 장소(lake)이고 이어지는 문장이 완전한 문장이므로 관계부사 where는 올바르다.

어휘 해결 **hobbyist** 취미 생활자 / **fascinating** 매력적인 / **bowl** 공기, 작은 그릇 / **potential** 잠재력

[정답] ①

[정답] 1.④ 2.① 3.③ 4. **a nice park** 5. **taller than** 6. **to** 7. **(1) Kennedy (2) Kennedy와 Lyndon Johnson** 8.① 9.⑤ 10.②

01 전문 해석 Tom과 Susan은 환상적인 부부이다, 그렇지 않니?

문제 해결 부가의문문은 [동사＋주어] 어순이다. 앞의 동사가 긍정이면 부정으로, 주어는 대명사로 받는다.

어휘 해결 **fantastic** 환상적인, 멋진

[정답] ④

02 전문 해석 ① Jindo는 섬이다.
② Jim은 어떤 소녀를 좋아한다.
③ 태양은 동쪽에서 뜬다.
④ 너는 Jim과 저녁을 먹었니?
⑤ Kim 씨는 하루에 8시간 일한다.

문제 해결 ① '하나'라는 개념으로 셀 수 있는 명사에 쓰는 것이 부정관사(a/an)이고, 명사의 첫소리가 모음이면 an을 쓴다.

어휘 해결 **island** 섬

[정답] ①

03 문제 해결 빈도부사 always는 조동사(should) 뒤에 와야 하고, carefully는 동사 drive를 수식해야 한다.

어휘 해결 **carefully** 주의 깊게

[정답] ③

04 전문 해석 A: 정말 멋진 공원이다! / B: 응, 정말로 그래.

문제 해결 What으로 시작하는 감탄문은 [What a/an＋형용사＋명사!] 어순이다.

어휘 해결 **park** 공원

[정답] **a nice park**

05 전문 해석 A: Tom과 Ann 중에서 누가 더 키가 크니?
B: Tom이 Ann보다 더 크다.

문제 해결 Tom이 주어이므로 '더 크다'라는 말이 와야 한다.

어휘 해결 **height** 키, 신장

[정답] **taller than**

06~08 전문 해석 선거결과를 듣고 있던 중에 Kennedy는 그의 부통령 후보인 Lyndon Johnson과 전화로 이야기했다. 나중에 Kennedy는 Johnson이 그에게 다음과 같이 말했다고 전했다. "당신이 Ohio 주에서는 지고 있으나 Pennsylvania 주에서는 우리가 잘하고 있습니다."

문제 해결 6. listen은 자동사로 전치사 to를 취해서 목적어를 취한다.
7. 내용상 ⓐ는 Kennedy를, ⓑ는 Kennedy와 Lyndon Johnson을 가리킨다.
8. "당신이 Ohio 주에서는 지고 있으나 Pennsylvania 주에서는 우리가 잘하고 있습니다"는 '잘되면 내 탓, 못되면 조상 탓'의 의미이다.

어휘 해결 **election** 선거 / **result** 결과 / **report** 보도하다

[정답] 6. **to** 7. **(1) Kennedy (2) Kennedy와 Lyndon Johnson** 8.①

09 전문 해석 바다의 가장자리는 낯설고도 아름다운 곳이다. 오랜 지구의 역사 내내, 그것은 끊임없이 움직이는 지역이었다. 연달아 이틀 동안 해안선이 정확히 똑같은 적은 없었다. 조수가 그 영구적인 리듬 속에서 전진하고 후퇴할 뿐만 아니라, 해수면 자체도 결코 그대로 정지하고 있지는 않다. 빙하가 녹거나 커짐에 따라, 퇴적물이 쌓이면서 대양저가 이동함에 따라 그것은 솟아오르거나 가라앉는다.

문제 해결 (A) strange and beautiful은 형용사로 명사 place를 수식하므로 적절하다.
(B) 문두에 쓰인 For no two successive days는 부사구이며, 이때 부사구에 부정어가 있으므로 주어와 동사가 도치되어 있다. 주어인 the shoreline이 단수이므로 is는 적절하다.
(C) Not only라는 부정어구가 강조를 위해 문두에 위치하였으므로 주어와 동사의 순서가 도치되어야 한다. Not only do the tides advance로 고쳐야 한다.
(D) the sea를 받는 강조 용법의 재귀대명사이다.
(E) 내용상 ocean(단수명사)을 가리키므로 단수 소유격 its로 고쳐야 한다.

어휘 해결 **unrest** 동요, 불안 / **successive** 연속적인 / **tide** 조수 / **advance** 전진하다 / **eternal** 영구적인, 영원한 / **glacier** 빙하 / **shift** 변화, 이동하다 / **sediment** 침전물, 퇴적물

[정답] ⑤

10 전문 해석 roadrunner는 미국의 남서부 사막 지역과 북 멕시코에 서식한다. 이것은 새이지만, 닭이 날 수 있는 정도만큼만 날 수 있다. 사람들이 이런 이름을 붙인 이유는 주로 도로를 건너고 있는 이 새를 보았기 때문이지만, 당연히 도로를 다닐 때보다 사막의 식물 사이에서 더 많은 시간을 보낸다. roadrunner는 길이가 45cm이

며 키가 25cm에 달하는 꽤 큰 새이다. 사람들은 이 새가 달릴 때 모양이 아주 우습기 때문에 웃는다. 머리를 앞으로 쭉 세우고 꼬리는 뒤로 쭉 뻗어 내민다. 보폭이 크고 시간당 30km를 달릴 수 있다.

문제 해결 (A) '새나 닭이 나는 것'은 양적 개념이므로 much가 올바르다.
(B) 앞에서 말한 것을 받아 주는 대동사가 필요한데 주어는 it(=the roadrunner)이고 동사는 spends이므로 does가 알맞다.
(C) 명사 tail을 수식해야 하므로 소유격 its가 올바르다. it's는 it is를 줄인 말이다.

어휘 해결 **straight out** 쭉 뻗다 / **stick out** 내밀다, 튀어나오다
[정답] ②

[정답] 1. ⑤ 2. ① 3. ⑤ 4. **coming** 5. **What** 6. **do you do on weekend** 7. ③ 8. **model cars** 9. ③ 10. ①

01~02 **전문 해석** 1. 그는 _____처럼 보인다.
2. 그는 _____ 도서관에서 당신을 기다릴 겁니다.

문제 해결 1. look(~처럼 보이다)은 불완전 자동사로 형용사 보어를 취한다.
2. will wait이 미래를 나타내므로 과거를 나타내는 last night와 사용할 수 없다.

어휘 해결 **sick** 아픈 / **the day after tomorrow** 모레
[정답] 1. ⑤ 2. ①

03 **전문 해석** [보기] 저 소녀는 누구니?
① 저것은 책이 아니다.
② 제가 너의 누나니?
③ 저게 뭐니?
④ 저분은 의사가 아니다.
⑤ 저 소년은 학생이 아니다.

문제 해결 [보기]의 that은 명사 girl을 수식하는 지시형용사이다.
①, ②, ③, ④는 지시대명사로 주어 역할을 하고, ⑤는 지시형용사로 명사 boy를 수식한다.
[정답] ⑤

04~05 **전문 해석** A: 안녕, Minsu. 생일 축하해!

B: 안녕, Jenny. 와줘서 고마워. 코트 받아 줄까?
A: 고마워. 왜! 정말 대단한 파티구나!

문제 해결 4. for의 목적어로 쓰일 수 있는 동명사가 와야 한다.
5. [a + 형용사 + 명사]가 있는 것으로 보아 what으로 시작하는 감탄문이다.

[정답] 4. **coming** 5. **What**

06~08 **전문 해석** Tom: 너는 주말에 무엇을 하니?
Ted: 나는 친구들과 축구를 해. 너는 어때?
Tom: 나는 내 남동생과 모형 차를 만들어.
Ted: 너의 여동생도 역시 그것들을 만드니?
Tom: 아니, 그녀는 바이올린을 연주해.

문제 해결 6. 의문사가 있는 의문문의 일반동사가 포함된 문장의 어순은 [의문사 + do(does, did) + 주어 + 동사원형 ~?]이다.
7. '~와 함께'라는 의미를 지닌 전치사는 with이다.
8. ⓓ는 내용상 model cars를 가리킨다.

[정답] 6. **do you do on weekend** 7. ③ 8. **model cars**

09 **전문 해석** 세계의 시골 지역에 있는 수백만 명의 젊은이들에게는, 현대 서양 문화가 그들 자신의 문화보다 훨씬 더 우수한 것처럼 보인다. 그들이 볼 수 있는 전부는 서양 세계의 물질적인 측면이다. 그들은 스트레스나 외로움 같은 사회적 혹은 심리적인 문제점들은 쉽게 보지 못한다. 환경 문제, 인플레이션, 혹은 실업 등도 또한 보지 못한다. 반면에, 그들은 자신들의 문화는 한계점과 불완전함까지 포함해서 속속들이 알고 있다. 그들은 마음의 평화, 따뜻한 가정과 마을의 공동체적인 관계 등을 당연한 것으로 여긴다.

문제 해결 (A) all은 여기서 사물, 즉 서양 사회의 물질적인 측면을 가리키므로 단수 취급해야 한다. 단, all이 사람을 의미할 때는 복수로 받는다.
(B) 부정어 Nor가 문두에 있으므로 뒤에는 도치(동사 + 주어)가 되어야 한다.
(C) 바로 앞의 culture를 받고 있으므로 its가 적절하다.

어휘 해결 **rural** 시골의 / **psychological** 심리학적인, 심리학의 / **inside out** 구석까지 샅샅이 / **limitation** 한계, 제한 / **imperfection** 불완전함, 불충분 / **relation** 관련, 이해관계, 관계
[정답] ③

10 **전문 해석** 도구를 잘 사용하는 침팬지는 주변의 몇 가지 물건을 도구로 사용한다. 첫째로 그들은 나뭇가지를 이용한다. 침팬지는 흰 개미 집에 다듬지 나뭇가지를 조심스럽게 넣은 후에 나뭇가지를 빼내어 가지에 붙어 있는 개미를 먹는 것으로 확인되었다. 그들은 또한 벌집에서 꿀을 훔치는 데에도 나뭇가지를 사용하는 것으로 알려졌다. 침팬지는 영리한 방법으로 나뭇잎을 다양하게 이용한다. 예

를 들면 나뭇잎을 말아 컵처럼 사용하고, 그것을 적셔서 몸을 닦는 데 사용하며 스펀지로 사용할 수 있을 때까지 그것을 씹는 것으로 알려졌다.

문제 해결 (A) 문장 주어인 Chimpanzees가 use하는 주체이므로 능동의 형태가 어법상 알맞다.
(B) 앞에 있는 등위접속사 and로 보아 inserting, withdrawing과 병렬 구조를 이루어야 하므로 eating이 올바르다.
(C) 대명사가 가리키는 것이 leaves(복수)이므로 they가 적절하다.

어휘 해결 **tool-user** 도구를 사용하는 동물(사람) / **trim** 손질하다, 잘라내다 / **termite** 흰 개미(**=white ant**) / **mound** 흙 둔덕, 언덕 / **cling to** ～에 달라붙다 / **ingenious** 교묘한, 현명한 / **dampen** 축축하게 하다

[정답] ①

 **Final Test ③ Pages 292-296**

[정답] 1. ④ 2. ④ 3. ① 4. (A) on (B) at 5. ⑤ 6. ③ 7. ③ 8. ⑤ 9. ③ 10. **not only, but also**

01 전문 해석 A: 여기 근처에 은행이 있습니까?
B: 예, 슈퍼마켓 뒤에 있습니다.

문제 해결 '～에 있다' 는 표현은 There is(are) ～이다.

어휘 해결 **bank** 은행

[정답] ④

02 전문 해석 ① 내 핸드폰은 너의 핸드폰보다 더 좋다.
② 누가 세계에서 가장 힘센 사람이니?
③ 너의 방은 그의 방보다 훨씬 더 깨끗하다.
④ 분홍색 셔츠는 푸른색 셔츠보다 더 아름답게 보인다.
⑤ John은 Harry만큼 빨리 달린다.

문제 해결 ④ than으로 보아 nicer(비교급)가 필요하다.

[정답] ④

03 전문 해석 그는 학교가 끝난 후에 _____ 도서관에 간다.

문제 해결 very는 동사를 수식할 수 없고 형용사나 부사를 수식한다. very를 제외한 나머지는 모두 빈도부사, 빈도부사는 일반동사 앞에 위치한다.

어휘 해결 **always** 항상

[정답] ①

04～05 전문 해석 Minsu에게
일요일에 무엇을 할 거니? 나는 쇼핑을 갈 거야. 나와 같이 갈래? 난 새 자전거를 살 예정이야. 11시에 너희 집 앞에서 보자. 잘 있어. Sandy가.

문제 해결 4. 요일 앞에는 전치사 on을, 시간 앞에는 전치사 at을 쓴다.
5. Sandy는 Tom과 함께 쇼핑을 가길 원했다.

어휘 해결 **go shopping** 쇼핑하러 가다

[정답] 4. (A) on (B) at 5. ⑤

06 전문 해석 우리가 최초의 언어에 대해 많이 알지 못하는 이유는 그 언어들이 전혀 기록되어 있지 않았기 때문이다. 일단 사람들이 말을 갖게 되었을 때, 그들은 서로에게 생각하는 바를 전할 수 있었다. 그러나 누군가가 무슨 말을 하자마자, 다른 사람들이 그 말을 기억하지 못한다면 그의 생각은 사라져 버렸을 것이다. 그러다가 약 5,000년 전에, 사람들은 문자 언어를 발명했다. 이것은 어떤 사람이 현장에 있지 않다 해도 그의 생각을 다른 사람들이 보고 기억하도록 기록될 수 있다는 것을 의미했다. 그러나 최초의 문자 언어는 오늘날 우리가 사용하는 것처럼 문자를 사용하지는 않았다.

문제 해결 (A) 주어가 languages(복수)가 아닌 The reason(단수)이므로 동사는 is가 올바르다.
(B) [As soon as 주어 + 과거동사 ～, 주어 + 과거동사～] 구문에 착안한다.
(C) 선행사를 포함한 관계대명사 what이 올바르다.

어휘 해결 **one another** (셋 이상) 서로서로 / **put down** 기록하다, 써놓다(**=write down**)

[정답] ③

07 전문 해석 최근에 발표된 남녀공학에 관한 연구는 공립학교에서 남학생과 여학생이 똑같이 취급됨을 보장할 정도로 충분히 제 기능을 다하지 않았다는 것을 암시했다. 이 연구는 교사가 여학생들보다 남학생의 이름을 더 자주 부르는 경향이 있다는 사실에 집중했다. 하지만, 나는 동의하지 않는다. 여학생들은 교실에 남학생을 필요로 한다. 학교에 있을 때 경험과 훈련이 필요하다. 남자들과 지적인 경쟁을 한 번도 해 보지 않은 여성이 남자들로만 구성되어 있는 경영 회의에 들어간다고 생각해 보아라. 그녀는 겨우 버텨낼 수 있을까 아니면 남자보다 여자들이 주로 사용하는 "양육을 하는 듯한" 스타일을 남자 동료들이 사용하지 않기 때문에 긴장해서 혀가 꼬일까?

문제 해결 (A) the fact 뒤에 쓰이는 동격의 that으로 '사실(fact)'의 내용을 말해 준다. 뒤에 나오는 절이 대명사를 필요로 하지 않으므로 관계대명사가 필요 없다.
(B) during은 전치사로 시간을 나타내는 명사와 함께 쓰인다. 여기서는 while (they are) in school 또는 while (being) in school의 형태로 접속사가 필요하다.

(C) 앞에 나온 명사 style을 수식하는 분사가 적절한데 뒤에 [by + 행위자]가 나오므로 수동형이 나와야 한다.

어휘 해결 **recently** 최근에 / **release** 풀어주다, 공개하다 / **co-education** 남녀공학 / **ensure** ~을 확실히 하다 / **tend to** ~하는 경향이 있다 / **hold one's own** 겨우 버티다 / **anxious** 걱정하는 / **colleague** 동료 / **nurture** 양육하다 / **supposedly** 소문으로는

[정답] ③

08 **전문 해석** 야생 동물 관리인들은 곰과 부딪치게 되면 해야 할 행동과 하지 말아야 할 행동에 대해 충고를 한다. 우선, 천천히 뒷걸음질 쳐라. 만약 곰이 당신을 보게 되면 그대로 서서 팔을 높이 올려 최대한 크게 보일 수 있도록 해라. 몸을 조그맣게 하면 곰이 피해갈 것이라고 생각해 몸을 굽히는 일은 하지 마라. 만약 곰이 돌진해 오면 소리를 지르고 곰에게 돌을 던져라. 그때도 달아나지 마라. 곰이 더 빠르다. 곰이 공격하면 머리와 몸을 감싸고 다리를 몸속으로 오므려라. 마치 죽은 것처럼 보이려고 땅위에 납작하게 눕지 마라. 곰은 당신이 죽은 줄 알고 무시하며 지나가지는 않을 것이다.

문제 해결 (A) 목적어(your arms)를 취할 수 있는 타동사가 필요하므로 raise가 적절하다.
(B) look이라는 불완전 자동사의 보어 자리이므로 형용사 large가 알맞다.
(C) 내용상 '(드러)눕다'는 뜻으로 자동사 lie가 필요하다.

어휘 해결 **wildlife** 야생 동물 / **get down** 몸을 굽히다, 무릎 꿇다 / **charge** 돌격하다 / **yell** 소리 지르다, 고함치다 / **chest** 가슴, 흉곽 / **ignore** 무시하다, 모르는 체하다

[정답] ⑤

09~10 **전문 해석** Maria는 Kosice에서 태어나서 가족과 함께 자랐다. 그녀는 지금 Presov 대학의 의학부 2학년에서 간호학을 전공하고 있다. 그녀는 카페에서 아르바이트를 하고 있으며, 외국어 공부와 소설 및 논픽션 읽기를 좋아한다. 그녀는 또한 지식 경연대회와 퀴즈쇼에 참가하는 것을 좋아한다. 한번은 "누가 백만장자가 되고 싶은가?"라는 퀴즈쇼에 참여할 기회가 있었는데 대략 1,500달러 정도를 벌었다.

문제 해결 9. ③ enjoy는 동명사(~ing)를 목적어로 취하는 동사이다.
10. A as well as B는 not only B but also A와 의미가 같다.

어휘 해결 **currently** 현재 / **medical faculty** 의과학부 / **major** 전공 / **take part in** ~에 참여하다 / **approx.** 대략 (=approximately)

[정답] 9. ③ 10. not only, but also

[정답] 1. **after** 2. **but** 3. **and** 4. **(A) one (B) It** 5. ④ 6. ④ 7. ④ 8. ① 9. ② 10. **I am as happy and contented as she is**

01~03 **전문 해석** 1. 너는 설거지한 후에 나가도 좋다.
2. 그녀는 정직하지만 현명하지 않다.
3. Tom과 Ann은 항상 같이 있다.

문제 해결 1. 내용상 '~한 후'에 해당하는 접속사 after가 알맞다.
2. 역접을 나타내는 등위접속사 but이 필요하다.
3. 내용상 등위접속사 and가 알맞다.

어휘 해결 **wash the dishes** 설거지하다

[정답] 1. after 2. but 3. and

04 **전문 해석** A: 죄송합니다. 여기 근처에 우체국이 있나요?
B: 예. 일번가에 있어요. 슈퍼마켓 옆에 있어요.

문제 해결 불특정한 사물 중 하나를 가리킬 때는 one, 특정한 것을 가리킬 때는 it을 쓴다.

어휘 해결 **post office** 우체국 / **next to** ~옆에

[정답] (A) one (B) It

05 **전문 해석** ① 나는 피아노가 있다.
② 이것은 컵이다.
③ 나는 개 한 마리가 있다.
④ Jane은 바이올린 켜기를 좋아한다.
⑤ 교실에는 선생님이 계신다.

문제 해결 ④에는 정관사 the, 나머지는 부정관사 a가 필요하다.

어휘 해결 **classroom** 교실

[정답] ④

06 **전문 해석** 감독관과 두 명의 경찰이 도착했을 때, 나는 내가 얼마나 내 가방을 세밀히 조사 받는데 개의치 않았는지 설명하였다. 그러나 나는 내가 그 가방을 건네주었을 때와 똑같은 상태로 돌려받기를 원한다는 것을 설명했다. 나는 그 일이 이루어질 때까지 공항을 떠나지 않겠다는 것과 이 일 때문에 체포된다면 나는 교도소에서 언론에 알리겠다고 말했다. 감독관은 자기가 어떤 일을 선택할 것인가 저울질하더니 내 쪽에 표를 던졌다. 그 줄은 공식적으로 폐쇄되었고 나는 내 가방을 다시 꾸리는 것을 감독했다.

문제 해결 (A) mind가 동명사를 목적어로 취하는 동사이므로 being이 정답이다.

(B) 2어동사의 목적어가 대명사일 경우에는 대명사 목적어를 중간에 끼워야 하므로 handed it over가 올바르다.

(C) 내용상 '그 일이 이루어질 때까지'라는 의미가 되어야 하므로 until이 알맞다.

어휘 해결 **supervisor** 감독자, 관리인 / **scrutinize** 세밀히 조사하다 / **hand over** 넘겨주다, 인계하다 / **arrest** 체포하다, 구속하다 / **cell** 작은 방, (교도소의) 독방 / **officially** 공식적으로

[정답] ④

07 **전문 해석** 전쟁 전의 가난한 후진국에서 현대 산업화된 나라로의 이미지 변신을 위한 한국의 성공적인 노력에는 몇 가지 중요한 반향이 있다. 1988 올림픽을 계기로 세계는 한국의 발전에 주목하게 되었다. 세계는 한국을 철저하게 폭격된 전쟁 지대로 생각하지 않게 되었다. 갑자기 외국 정부와 기업들은 한국을 철저히 폭격된 전쟁 지대로 보지 않고 개발도상국으로 특별 취급했다. 외국 정부들은 한국을 선진화된 경쟁상대로 대하기 시작했다.

문제 해결 (A)의 주어는 repercussions(복수)이므로 are는 올바른 표현이다. (B)의 대명사 that은 앞에 있는 'image(단수)'를 가리키므로 알맞은 표현이다. (C)와 (D)의 quit, stop은 동명사를 목적어로 취하는 동사들이다. (E) 앞에 있는 begin은 부정사와 동명사를 목적어로 둘 다 취할 수 있는 동사이다.

어휘 해결 **undeveloped country** 후진국 / **industrialize** 산업화하다 / **progress** 진보, 발전 / **quit** 그만두다, 중지하다 / **bombed-out** 철저하게 폭격된 / **entitle** ~에게 권리(자격)를 주다 / **competitor** 경쟁 상대

[정답] ④

08 **전문 해석** 옛날에 상냥한 여자 농부가 있었다. 그녀는 좋은 이웃이어서, 할 수 있을 때에는 언제라도 어려움에 처한 사람들을 도왔다. 그러나 그녀는 재미가 있다거나 아름답지 않아서 마을에 있는 사람들로부터 주목받지 못했다. 한 해는 심한 가뭄으로 농작물들이 죽어서 마을 사람들이 굶주릴 지경이 되었다. 그 여자 농부는 그 해에 고생스럽게 빗물과 샘물을 모아서 자신의 농작물을 자라게 할 수 있었기 때문에 곡식이 있었다. 마을 사람들이 와서 그 여자에게 가지고 있는 음식을 나누어 달라고 요구했다. 그녀는 좋은 사람이어서 기꺼이 나누겠다고 말했고 그렇게 했다.

문제 해결 (A) 주절의 동사가 과거(were lost)이므로 종속절에는 현재나 미래는 사용할 수 없고, face의 목적어 starvation이 있으므로 능동의 형태가 되어야 한다.

(B) [주어 + keep + 목적어 + 목적격 보어]의 형식이 되어야 하는데 living과 alive는 의미는 같지만 living은 보어로 사용할 수 없다.

어휘 해결 **overlook** 못 보고 지나치다, 간과하다 / **drought** 가뭄 / **occur** 발생하다, 일어나다 / **crop** 농작물 / **starvation** 기아, 굶주림 / **bother to** 수고롭게 ~하다 / **share** 함께 나누다, 공유하다

[정답] ①

09~10 **전문 해석** 내 모든 친척들 중에서 나는 Emily 이모를 가장 좋아한다. 그녀는 결혼을 하지 않았고 Bath 근처의 작은 마을에서 혼자 살고 있다. 그녀는 50대 후반이지만 여전히 영혼에 있어서 꽤 젊다. 사람들이 그녀를 만날 때, 그들이 알아차리게 되는 첫 번째 것은 그녀의 사랑스럽고 따뜻한 미소이다. 그녀의 얼굴은 현재 다소 주름이 있지만 나는 그녀가 여전히 꽤 매력적이라고 생각한다. 그녀는 당신이 문제가 있다면 늘 가서 말을 건넬 수 있는 그런 종류의 사람이다. 나는 내가 그녀의 나이가 되었을 때 그녀만큼 행복하고 만족하기를 바란다.

문제 해결 9. she lives alone in a small village near Bath에서 알 수 있듯이 Emily는 혼자 살고 있다.

10. [주어 + 동사 as 원급 as 주어 + 동사]의 어순으로 동등 비교를 나타낼 수 있다.

어휘 해결 **relative** 친척 / **in one's late fifties** 50대 후반의 / **notice** 주목하다, 알아채다 / **spirit** 정신, 영혼 / **wrinkle** 주름살 지게 하다, 주름 / **attractive** 매력적인 / **sort** 종류, 부류 / **contented** 만족한

[정답] 9. ② 10. I am as happy and contented as she is

Final Test ⑤ **Pages 301-304**

[정답] 1. ① 2. **How nice of you to say so** 3. **go to school by bus or on foot** 4. **because** 5. **(1) at (2) on** 6. ② 7. ② 8. **What** 9. ① 10. ② 11. **leave**

01 **전문 해석** Julia는 피아노를 칠 수 있지, 그렇지 않니?

문제 해결 부가의문문의 형식은 긍정문에는 부정의 줄임말, 부정문에는 긍정의 줄임말을 사용한다. 주어는 인칭대명사로 바꾸어야 한다.

[정답] ①

02~03 **문제 해결** 2. [How + 형용사 + 의미상의 주어 + to 부정사]의 어순이다.

3. 일반동사가 포함된 문장의 의문문 어순은 [Do(Does, Did) + 주어 + 동사원형 ~?]이고, '버스로'는 by bus, '걸어서'는 on foot이다. '또는'에 해당하는 등위접속사는 or이다.

어휘 해결 **by bus** 버스로 / **on foot** 걸어서

[정답] 2. **How nice of you to say so** 3. **go to school by bus or on foot**

04 전문 해석 • 비가 왔기 때문에 그들은 밖에 나갈 수 없었다. • 버스를 놓쳐서 학교에 늦었다.

문제 해결 앞 문장의 내용에 대한 원인이나 이유를 나타내고 있으므로 접속사 because가 온다.

어휘 해결 **miss** (교통수단이나 기회 등을) 놓치다

[정답] **because**

05 전문 해석 (1) 6시에 일어나니? (2) 나는 일요일에 교회에 간다.

문제 해결 특정 시각 앞에는 전치사 at을 쓰고, 요일 앞에는 전치사 on을 쓴다.

[정답] (1) **at** (2) **on**

06~08 전문 해석 Ann에게

제가 제 친한 친구의 남자친구에게 홀딱 빠져버렸어요. 그의 이름은 Peter예요. 항상 그에 대한 생각을 하게 돼요. Peter와 제 친한 친구가 같이 있는 걸 보면, 그들은 너무나도 행복해 보여요. 하지만 저는 그들에게 굉장한 질투심을 느껴요. 어떻게 해야 하죠? 제 친한 친구에게 말해야 할까요? Peter에게 제가 그를 사랑한다고 말해야 할까요? 제 친한 친구를 잃고 싶진 않지만, Peter없이는 못 살겠어요. 저 좀 도와주세요.

Jessica (14세)로부터

문제 해결 6. 친한 친구의 남자 친구를 사랑하게 되었다는 여학생의 고민 상담 편지이다.
7. 빈도부사(always)는 일반동사(think) 앞에 위치해야 한다.
8. do의 목적어 역할을 할 수 있는 의문대명사 what이 적절하다.

어휘 해결 **be in love with** ~에게 반해 있다 / **jealous** 시기하는, 질투하는 / **without** ~없이

[정답] 6. ② 7. ② 8. **What**

09~11 전문 해석 그러나 흥미롭게도 이런 구분은 이제 흐려지고 있다. 현재 우리가 살고 있는 기술 혁명의 시대는 우리에게 휴대 전화, 팩스, 전자우편, 그리고 인터넷을 가져다주었다. 이것 때문에 사람들을 훨씬 더 쉽게 만날 수 있게 되었다. 이것을 더 많이 사고 더 나은 생활을 하기 위해 더 열심히 일을 하려고 하는 미국적인 열정과 결합하여 생각해 보자. 사람들이 휴가를 가 있을 동안에도 계속해서 일을 하게 되는 상황이 자주 발생하게 되는 것이다. 사실 미국인들이 10년 전보다 더 많은 유급 휴가를 얻고 있기는 하지만 그들은 더 짧지만 더 여러 번 휴가를 간다. 그리고 컴퓨터와 휴대전화가 함께 가는 것은 틀림없다.

문제 해결 9. (A) enough가 부사로 '형용사나 부사'를 수식할 경우에는 후위수식이므로 Interestingly enough가 알맞다.
(B) 비교급을 강조하는 부사는 much이다.
(C) 뒤에 [주어 + 동사]가 나오므로 접속사 although가 적절하다. despite는 전치사이다.
10. 첫 문장에서 '이런 구분(this division)이 모호해져가고 있다'고 언급한 후, 주어진 글에서 어떤 식으로 모호해져 가고 있는지를 설명하고 있다. 주어진 글이 일과 휴가가 통합되어 가는 상황에 관한 내용이므로 이 글 앞에는 '일과 휴가가 분리된 생활'에 관한 내용이 왔음을 추론할 수 있다.
11. leave는 동사로 쓰여 '떠나다, 남겨두다'라는 뜻을 나타내기도 하지만, 명사로 쓰여 '휴가'라는 의미를 나타내기도 한다.
• 며칠 휴가를 내지 그러니?
• 탁자 위에 앨범을 펼쳐 놓은 채 두지 마라.
• 자동 응답기에 메시지를 남겨 놓으세요.

어휘 해결 **division** 구분 / **technological** 기술적인 / **revolution** 혁명, 혁신 / **anxiety** 근심, 걱정, 열망 / **paid leave** 유급 휴가

[정답] 9. ① 10. ② 11. **leave**

m·e·m·o